Josefine Steininger

Drei Grazien unterwegs

Mit Humor im Gepäck durch Europa

D1667549

Josefine Steininger

Drei Grazien unterwegs

Mit Humor im Gepäck durch Europa

TRIGA – Der Verlag

Bibliografische Information der Deutschen Bibliothek
Die Deutsche Bibliothek verzeichnet diese Publikation in der
Deutschen Nationalbibliografie;
detaillierte bibliografische Daten sind im Internet über
http://dnb.ddb.de abrufbar.

1. Auflage 2009
© Copyright TRIGA – Der Verlag
Feldstraße 2a, 63584 Gründau-Rothenbergen
www.triga-der-verlag.de
Alle Rechte vorbehalten
Illustrationen: Erika Pickar
Druck: Druckservice Spengler, 63486 Bruchköbel
Printed in Germany
ISBN 978-3-89774-695-4

Vorwort

Seit Hunderten von Jahren erzählt man sich Märchen, Geschichten und Legenden, manche sind wahr, manche erfunden, aber jede enthält einen kleinen Funken der Wirklichkeit. Zu entscheiden, ob es sich genau so wie erzählt zugetragen hat oder ein wenig anders, bleibt der Phantasie jeden Lesers überlassen.

Auch meine Geschichten basieren auf wahren Begebenheiten. Nicht umsonst gibt es das Sprichwort: »Wenn einer eine Reise macht, dann kann er was erzählen.«

Wir drei, Manuela, Erika und ich, unternahmen viele Reisen, kurze, lange, weite, nahe oder auch nur Tagesausflüge. Und glauben Sie mir, liebe Leser, wir können was erzählen! Einige unserer Geschichten will ich Ihnen in diesem kleinen Büchlein vorstellen.

Ich hoffe, Sie haben beim Lesen genauso viel Spaß, wie wir drei Mädels, als wir das alles erleben durften.

Manuela lernte ich bei einem Aushilfsjob kennen, sie ist 10 Jahre jünger als Erika und ich.

Sie stammt ursprünglich aus Österreich, aus der schönen Steiermark.

Ihr erlernter Beruf Köchin, brachte sie über die Grenze in das wunderschöne bayerische Oberland. Sie ist geplagte Mutter einer Tochter im Teeniealter und genießt daher wahrscheinlich unsere Ausflüge am meisten.

Sie sucht die Ruhe, die sie bei uns jedoch nur selten findet.

Erika stammt aus der tschechischen Republik, genauer gesagt aus der goldenen Stadt Prag. Ihr Ehemann lief in die BRD, um den politischen Wirren in den 80er Jahren zu entfliehen, und sie lief einfach mit ihren Kindern hinterher.

Sie ist stolze Mutter eines Sohnes und einer Tochter, die beide mittlerweile erwachsen sind. Ihr Mann lief wieder nach Prag zurück und des Laufens müde, machte Erika den Führerschein und lässt ihren Exmann nunmehr alleine weiterlaufen.

Seit zwei Jahren lebt sie alleine und teilt mit mir ihr Hobby, das Reisen.

Ich komme aus dem schönen Bayern, geboren in Niederbayern, nahe Passau, aufgewachsen, zur Schule gegangen und geheiratet in Oberbayern, in Burghausen. Seit 20 Jahren bin ich glücklich geschieden und Mutter zweier Töchter von 24 und 28 Jahren.

Vor Jahren begann ich Kurzgeschichten zu schreiben, die allmählich vor sich hinstaubten.

Mein erstes offensichtliches Werk ist: Drei Grazien unterwegs

Kapitel 1

Am Anfang waren wir zwei

»Hast du schon gepackt? Ich weiß nicht, was ich mitnehmen soll! Welche Klamotten? Was ziehst du an?« Manuela war schon ganz aufgeregt, da wir unsere Reise in genau 18 Stunden antreten würden.

Es war unsere erste gemeinsame Reise.

Wir hatten uns vor einigen Jahren in unserem Nebenjob kennengelernt. Zuerst waren wir nur Arbeitskolleginnen, die sich ungefähr zwei- bis dreimal im Monat sahen. Nach und nach kamen wir uns jedoch freundschaftlich näher. Mal gingen wir nach der Arbeit gemeinsam essen, mal trafen wir uns in einem Pub und tranken ein Gläschen. Meine Angehörigen und Manuelas Tochter sowie Sigi, ihr Lebenspartner, verstanden sich auch ganz gut.

Und morgen wäre es nun so weit. Wir würden unseren ersten gemeinsamen Kurztrip unternehmen. Vier Tage, fürs erste Mal. Wir wollten sehen, ob so ein Ausflug funktioniert. Jeder hat ja seine Eigenheiten. Und so dicke und langjährige Freundinnen, die sich aus dem Sandkasten kennen, waren wir nicht.

Wir gaben unserer noch frischen Freundschaft eine Chance.

»Du, ich nehme nicht viel Kleidung mit. Ein Paar Jeans, T-Shirts, Pullover, Turnschuhe, Lederjacke für alle Fälle, falls es kälter wird. Und noch etwas Schickeres. Ich möchte einmal in Prag in eine Spielbank gehen. Ich war zwar schon drei- oder viermal in Prag, aber noch nie in der Spielbank. Sollten wir verlieren: Für zwanzig Mark gibt's einiges an tschechischen Kronen. Mehr riskiere ich sowieso nicht. Aber einmal dabei sein möchte ich schon!«, sagte ich zu Manuela.

»Dann nehm' ich meinen engen schwarzen Rock und die

schwarze Bluse mit dem blauen Top mit«, sagte sie voller Begeisterung.

»Ja, dunkler Rock und Bluse ist nicht schlecht. Das pack ich auch in den Koffer. Aber jetzt was anderes: Wie machen wir es? Ich habe heute Nachtschicht bis morgen früh sechs Uhr. Du lässt dich von Sigi zu mir in die Arbeit bringen, wir trinken eine Tasse Kaffee und spätestens um halb sieben fahren wir los. Was meinst du?«, fragte ich.

»O.K., dann bis morgen, sechs Uhr.«

Unsere Augen blitzten und wir freuten uns wie kleine Kinder. Vier Tage Ferien. Ohne Familie. Nur wir zwei.

Es war kurz vor halb sieben, Sigi lud die Reisetasche in mein Auto. Er wünschte uns eine gute Fahrt und schöne Urlaubstage. Kurze Zeit später waren wir bereits auf der Autobahn Richtung Landshut-Passau.

»Schau mal, da ist rechts das große Kernkraftwerk von Niederbayern. Wir kommen bald in meine Heimat. Hier bin ich aufgewachsen und zur Schule gegangen. Zumindest die ersten Jahre«, sagte ich zu Manuela.

»Na, ich weiß ja nicht! Ich glaube, hier möchte ich nicht wohnen. Die Gegend ist war ganz schön, keine Frage. Aber so nah an einem Kernkraftwerk leben?«, gab sie mir nachdenklich zur Antwort.

»Du in etwa einer Sunde sind wir in Passau, wollen wir dort Brotzeit machen? Ich kenne dort einen guten Metzger. Um diese Zeit« gibt es immer frische Semmeln und kesselwarme Würstl«, schlug ich vor.

»Das passt gut, ich hab nämlich eine Thermoskanne voll Kaffee in der Tasche.«

Die Sonne kam durch die Wolken und wir hatten das Gefühl, sie scheint nur für uns, drei Tage lang. Wir hatten ein tolles Septemberwochenende vor uns.

Ein bisschen neidisch schauten uns die Hausfrauen schon

„BROTZEIT VOR DER GRENZE"

an, als wir gegen halb neun auf dem Parkplatz beim Metzger in Passau standen, einen Papierteller mit warmen Würstchen, Senf und frischen Brötchen auf dem Autodach, jede von uns einen Plastikbecher mit dampfenden Kaffee in der Hand. Was konnte es Schöneres geben?

Unsere kleine Welt war in Ordnung.

Körperlich gestärkt und für jede zwei Wurstsemmeln im Gepäck, traten wir die letzten 200 Kilometer an. Die Aufregung wurde immer größer, je mehr wir uns Prag näherten. Für Manuela war es das erste Mal, ich war schon öfter in der goldenen Stadt gewesen.

»Und, wie ist es dort? Findest du noch den Weg?«, wollte Manuela von mir wissen.

Der Campingplatz, zu dem wir fuhren, hatte Holzbaracken zu vermieten, die mit drei bis fünf Betten, einem Tisch und zwei Stühlen, einem Schrank und einem Waschbecken ausgestattet waren. Das war die ganze Einrichtung, aber wir wussten von Anfang an, dass uns kein exquisites Haus erwartete.

»Ich war vor sieben Jahren mal durch Zufall mit meiner Tochter für ein paar Tage dort«, klärte ich Manuela auf. »Deshalb habe ich auch telefonisch für uns bestellt. Damals habe ich die Visitenkarte mitgenommen und aufgehoben.«

»Und wie schaut es aus? Ist es einigermaßen sauber dort?« Meine neue Freundin wollte alles wissen.

»Du, die Holzbaracken sind ganz einfach. Bis zu den Gemeinschaftsduschen und den Toiletten sind es zwanzig bis dreißig Meter. Ein großer Frühstücksraum ist auch gleich in der Nähe. Ich kann mich noch erinnern, es war Selbstbedienung. Und die Preise: wie vor vierzig Jahren in Deutschland!« Das war der erste Teil meiner Antwort. Der zweite Teil war schon etwas leichtsinniger und vor allem sehr optimistisch. »Weißt du, der Campingplatz heißt Kotua und liegt direkt an der Moldau. Also, wenn wir den nicht finden sollten, ich weiß nicht, ich würde an mir zweifeln.«

Ich fing allmählich an zu zweifeln, als ich schon den zweiten falschen Campingplatz anfuhr. Ich erfuhr, dass es sechs Campingplätze in Prag gibt. Um Manuela zu beruhigen, meinte ich ganz cool: »Das Auto ist vollgetankt, Zeit haben wir auch, im Notfall umkreisen wir die Moldau so lange, bis wir Kotua finden.«

Mir wird zwar vorgeworfen, ich sei ein notorischer Falschfahrer. Das streite ich ja auch nicht ab. Aber mein Ziel finde ich immer. Mal früher und mal später.

Manuela schaute mich fragend an und zog ihre rechte Augenbraue hoch, lachte und sagte: »Dein Wort in Gottes Gehörgang.«

Nachdem ich dieselbe Brücke zum dritten Mal überquert hatte, stand plötzlich ein Schild an der Kreuzung: Camping-Kotua 2,8 km.

Wir folgten aufmerksam dem Pfeil zu unserem Domizil.

Ich hatte das alles ganz anders in Erinnerung gehabt. Der Platzwart war zwar immer noch derselbe wie damals, aber es wirkte dieses Mal alles so unfertig, so schäbig! Die Enttäuschung stand uns ins Gesicht geschrieben. Zum Glück hatten wir nur vier Tage bzw. drei Nächte gemietet. Als wir den Schlüssel für den Bungalow Nr. 6 bekamen, stellte ich schnell fest: Es war der gleiche wie vor sieben Jahren, als ich zum ersten Mal mit meiner Tochter in Prag war. Nicht nur die Zeit war hier stehen geblieben! Die Spinnweben, der Dreck, fast wie bei Dornröschen. Ein bisschen schämte ich mich schon vor Manuela.

»Weißt du was? Wir kaufen uns eine Tageskarte für die Straßenbahn, lassen diesen Platz fürs Erste sein, was er ist. Schlimmer kann es nicht kommen.« Mit diesen Worten schloss ich die Tür ab und wir machten uns auf den Weg zum Empfangshäuschen, um Fahrkarten zu kaufen.

»Sie gehen links dreihundert Meter, durch die Unterführung, dann sehen Sie schon auf der rechten Seite die Straßenbahnhaltestelle. Sie müssen in die Linie 17 steigen und bei der zwölften Station aussteigen. Dann sind es nur noch zweihundert Meter bis zum Wenzelplatz. Sie können ihn gar nicht verfehlen.«

Unsere gute Laune nahm wieder zu.

»Prost! Auf unsere Pragreise!«, sagte ich zu Manuela. Punkt halb zwei Uhr nachmittags saßen wir mitten in Prag. Jede von uns ein original tschechisches Pilsner Urquell in der Hand, lobten wir den Tag noch vor dem Abend.

»Gehen wir eine Runde, ich habe einen Bärenhunger«, meinte Manuela nach einer Sunde und dem zweiten Bierchen auffordernd. Ich pflichtete ihr sofort bei, auch mein Magen machte sich schon knurrend bemerkbar.

»Du, da rechts oben am Wenzelplatz muss eine Studentenkneipe sein. Da war ich schon mal zum Essen. Es gab ein hervorragendes böhmisches Gulasch, und teuer war's auch nicht. Wollen wir die Kneipe suchen?«, fragte ich.

»Ja, es wird uns nichts anderes übrig bleiben, wenn wir was essen wollen«, meinte sie.

Die Kneipe war schnell wiedergefunden, ein freier Tisch auch.

»Schau dir mal die Bedienung an. Ob das ein Rock sein soll? Oder ein sehr breiter Gürtel?«, lästerten wir über die ziemlich

„PROST PRAG"

freizügige Kleiderordnung der hier beschäftigten Kellnerin. Trotzdem waren wir froh, als sie endlich mit einer Speisekarte an unseren Tisch kam.

»Die Speisekarte sieht aber ganz verändert aus, da hat wohl der Wirt gewechselt«, meinte ich. Mein geliebtes Gulasch stand nicht mehr auf der Karte. Ich war ganz schön enttäuscht, aber der Hunger war größer als meine Trauer um das typische Landesgericht.

»Pfeffersteak mit Reis und Salat, das hört sich nicht schlecht an«, meldete sich Manuela hinter ihrer Speisekarte.

Endlich, nach bestimmt zwanzig Minuten (ich hatte schon zwei Zigaretten geraucht), kam unsere Bedienung wieder an den

Tisch. Sie fragte uns auf Tschechisch, was wir bestellen wollten. So fassten wir ihre Worte jedenfalls auf.

»Zwei mal Menü drei bitte, zwei Bier und zwei Becherovka«, sagte ich in bestem Hochdeutsch, mit einem kleinen bayerischen Unterton.

Unser Tisch war einer von sieben, die vor dem Lokal in einem Innenhof standen. Vier Sonnenschirme boten etwas Schatten. Die Sonne zeigte sich von ihrer besten Seite. Sie brannte direkt in den Innenhof. Hinter uns war eine Art Holzbaracke, schwarz lackiert, mit einer Schiebetür, groß genug für eine Mischung aus Holzgarage und Getreidelager.

»Manu, schau mal, Menü drei ist bestimmt aus. Der Koch steuert schon auf unseren Tisch zu. Wollen wir ihn als Nachspeise?«, fragte ich spitzbübisch.

Von wegen, kurz vor unserem Tisch schlug er einen Haken. Er ging zur Schiebetür der Holzbaracke und verschwand darin.

»Und, ist der nicht süß?«, fragte mich Manuela.

»Ich weiß nicht recht. Ich würde sagen, halb Waldmeister, halb Himbeerpudding mit einem Schuss Jägermeister!«, gab ich der total verdutzten Manuela zur Antwort.

»Wie meinst du denn das?«, wollte sie wissen.

»Na, er geht, als wäre er der Meister vom Walde, dabei schwabbelt sein Bauch wie halb fertiger Himbeerpudding, und bei Jägermeister hat es mich schon immer geschüttelt. Ich trete dir also meinen Anteil an der Nachspeise großzügig ab.«

»Josy! Nein! Bitte sag, dass das nicht wahr ist. Das kann nicht unser Fleisch sein, was der Koch da bringt.« Manuela konnte es nicht glauben, sie selbst ist gelernte Köchin und mit Lebensmitteln sehr penibel. Leider konnte ich Manuela nicht widersprechen. Es war unser Fleisch! Als es so auf dem Teller lag, war es uns sehr ähnlich. Nämlich fix und fertig.

»Mit Steak hat das Fleisch aber nicht viel Ähnlichkeit. Es sieht aus wie Wammerl (für Nicht-Bayern: Bauchfleisch) und die Pfeffersoße ... ich weiß ja nicht«, meinte sie stirnrunzelnd.

»Die Pfefferkörner kommen mir aber bekannt vor. Die gibt's

15

bei uns auch«, sagte ich mit einem zynischen Unterton. »Was soll's, andere Länder andere Sitten. Vergiften dürfen sie uns nicht. Das wäre Mord«, meinte ich lachend.

»O.K., wie du meinst«, sagte Manuela und nahm ihr Besteck zur Hand. Langsam und aufmerksam zerschnitt sie ihr Steak und begann zu essen.

»Fräulein, bitte zwei große Wodka«, rief Manuela unserer Bedienung zu, als diese sich zufällig in unsere Richtung verlief. Entsetzt sah ich mein Gegenüber an.

»Du bestellst Wodka? So harte Sachen? Das bin ich ja gar nicht von dir gewohnt!«

»Ja, das brauchen wir jetzt, zur Desinfektion. Sicher ist sicher!«

Als wir unsere flüssige Nachspeise bekamen, hatte die Kellnerin auch gleich die Rechnung dabei. Sie hatte Feierabend und wollte abkassieren. So verstanden wir es wenigstens, als sie uns die Rechnung auf einem Teller in die Mitte des Tisches präsentierte. Wir legten unsere Kronen abgezählt auf den Teller, dazu ein angemessenes Trinkgeld, damit sie sich bald einen Rock mit mehr Stoff leisten könnte, und gingen.

»Was machen wir jetzt?«, fragten wir uns gegenseitig, als wir uns auf dem belebten Wenzelplatz wiederfanden. Wir schlenderten fotografierend durch viele kleine Gassen, Richtung Altstadt zur Moldau.

»Siehst du da drüben das große Schiff?« Ich deutete auf die andere Seite der Moldau. »Das ist ein schwimmendes Hotel, da habe ich schon dreimal ein Zimmer gemietet, zweimal mit meinem Exfreund und einmal mit einer guten Bekannten. Falls wir mal wieder nach Prag fahren, dann sollten wir dort übernachten. Der kleine Unterschied von 25 Mark mehr pro Nacht macht sich stark bemerkbar.«

Es wurde schon dunkel, als wir wieder zurück zum Wenzelplatz gingen. Für eine halbe Stunde setzten wir uns noch in ein Straßencafé, das sehr einladend aussah, und tranken einen Cappuccino.

»Weißt du was, da drüben ist ein kleiner Kiosk, da holen wir uns noch was zu trinken und fahren dann heim«, schlug Manuela vor.

Wir bezahlten und drehten noch eine Ehrenrunde um den wohl bekanntesten Platz von Prag, bevor wir am Kiosk stehen blieben.

»Was nehmen wir mit ? Wein, Bier oder Cola?«, fragte Manuela.

»Schau mal, ist das nicht das gute Bier von heute Mittag? Ich glaube, das hieß auch Gambrinus. Das nehmen wir.«

»Und wie viel? In den Dosen sind 0,33 l drin.«

»Drei für jeden? Der Abend ist noch lang, und wir müssen ja nicht alles heute trinken. Du musst es nur tragen«, sagte ich spitzbübisch. »Du hast den Rucksack und bist so groß und stark. Ich hab ja nur die kleine Handtasche und bin so klein und schwach.«

Dabei zog ich schon die Kronen aus der Hosentasche und bezahlte, während Manuela die Dosen verstaute. Wir waren kurz vor der Trambahnhaltestelle, als ich in großen roten Buchstaben das Wort »Spielbank« blinken sah.

»Halt, zurück! Da müssen wir rein, ich muss was fragen, wegen morgen.«

Manuelas Blick sagte mir: Na, wenn es unbedingt sein muss!

»Guten Abend! Entschuldigen Sie! Sprechen Sie Deutsch?«, fragte ich die Dame vor der Eingangstür. Es war nicht direkt eine Dame, eher ein junges Mädchen zwischen zwanzig und fünfundzwanzig Jahren. Sie saß hinter einer Art Rezeptionstischchen mit Stricknadeln und grauer Wolle bewaffnet.

Die Haare waren hochtoupiert wie einst die von Audrey Hepburn. Die knappe Kleidung ähnelte einer Uniform, das Gesicht war stark geschminkt. Mit einem abfälligen Blick musterte sie mich. O.K. sie hatte ja recht, für einen Abend in der Spielbank waren Manuela und ich nicht unbedingt passend gekleidet, aber wir wollten ja erst am nächsten Tag kommen. Heute wollten wir nur etwas fragen. Manuela war vorsichtshalber mit ihrem Rucksack auf dem ersten Treppenabsatz stehen geblieben. Das Fräulein sagte etwas in ihrer Muttersprache, was ich aber nicht verstand. Als ich mich umdrehte und wieder gehen wollte, kam ein junger uniformierter Mann auf mich zu. Mit freundlichem Lächeln und in holprigem Deutsch meinte er: »Ich spreche etwas Deutsch. Womit kann ich Ihnen helfen?«

»Entschuldigung, ich hätte nur ein paar Fragen. Gibt es für die Spielbank eine bestimmte Kleiderordnung?«

»Nein!« Er schüttelte den Kopf. »Sie dürfen so kommen, wie Sie sind.«

»Wie lange ist die Spielbank geöffnet und muss man Eintritt bezahlen?«, waren meine nächsten Fragen. Dabei schaute ich immer wieder mal zu Manuela rüber, um mich zu vergewissern, ob sie noch da war. Sie stand ganz lässig da. Mit dem Rucksack über der Schulter betrachtete sie die Bilder im Treppenhaus.

»Wir haben täglich 24 Stunden geöffnet. Der Eintritt ist frei. Kommen Sie doch herein!«

»Nein danke, wir möchten uns doch gerne erst umziehen«, erwiderte ich.

»Haben Sie Ihren Ausweis dabei?«, wollte er wissen.

»Ja sicher!« Ich öffnete meine Handtasche und reichte ihm das gewünschte Dokument.

»Alles in Ordnung. Dann gehen Sie doch hinein.« Er machte eine auffordernde Handbewegung zur Tür.

»Aber doch nicht so, wie wir aussehen!« Ich stellte mich vor ihm in Positur. »Schauen Sie doch mal: Jeans, T-Shirt, Turnschuhe!«

»Aber wieso? Das ist doch flott! In der heutigen Zeit! Jetzt schauen Sie doch rein!«

Meine Gedanken spielten Pingpong. Sollte ich oder sollte ich nicht? Die Neugier war groß, aber so ...?

Für so einen Abend, meinen ersten in einer Spielbank, da wollten wir uns doch so richtig stylen! Mit eleganter Kleidung, Frisur und Make-up. Wir wollten schon was darstellen! Aber die

Neugier ... Das Pingpong-Spiel war noch nicht zu Ende. Dabei warf ich wieder einen Blick zu Manuela, die noch immer keinen Schritt weitergegangen war.

»Manuela, hast du deinen Ausweis dabei?«, rief ich ihr zu.

»Ja, im Rucksack. Warum?«, wollte sie wissen.

Meine Neugier hatte gewonnen und ich sagte noch mal: »Die brauchen deinen Ausweis. Wir gehen gleich mal rein und schauen uns um.«

Manuela erstarrte und wurde käsebleich. Dann, ganz langsam, ging sie in die Hocke und öffnete ihren Rucksack.

ERWISCHT!
»ABER WO IST MANUELA?«

19

»Oh, oh!«, schien ihr Blick mir zu sagen. »Die Bierdosen!« Nur wir beide wussten, wer oder was das komische Geräusch verursachte, als Manuela verzweifelt nach ihrem Pass kramte. Sechs Bierdosen, eine Haarbürste, ein Schlüsselbund, ein Portemonee und eine Menge anderer Geheimnisse, unter denen der Ausweis vergraben war. Manuela Gesichtsfarbe veränderte sich in ein dunkles Rot, als sie in die absolute, fast unüberwindliche Tiefe ihres Rucksackes eintauchte und mir einen vernichtenden Blick zuwarf.

Mit einem unschuldigen Lächeln versuchte ich die Situation zu überspielen. Aber das Geräusch hatte bereits zu viel Interesse erweckt. Es war mucksmäuschenstill. Alle Blicke richteten sich auf Manuela.

Das Fräulein vom Empfang legte ihr Strickzeug auf den Tisch und starrte zum Treppenaufgang. Der nette junge Mann sah mit angespannter Miene in die gleiche Richtung, seine rechte Hand fuhr etwas nach hinten. Da sah ich erst, dass er eine Kalaschnikow umhängt hatte, ein russisches Maschinengewehr. Seine Augen sagten mehr als hundert Worte. »Was zieht die da raus? Was ist das für ein Geräusch, das da aus dem Rucksack kommt?«

»Da ist er!« Manuela hatte ihren Reisepass gefunden.

Sie zog die Sicherheitsschürze des Rucksacks zu. Der Stein, der allen Anwesenden vom Herzen fiel, war buchstäblich zu hören. Ein tiefer Seufzer der Erleichterung durchzog den Vorraum. Diese Situation, diese Dramatik! Ich musste lachen.

»Gott sei Dank waren das nur Bierdosen. Stell dir vor, du hättest was anderes im Rucksack gehabt. Der junge Mann da hat eine MP, der hätte uns glatt erschossen.« Ich deutete dabei auf die Kalaschnikow.

Na ja, ich gebe es ja zu, so richtig lustig war das Ganze wahrscheinlich nur für mich. Manuela zischte mir zwischen den Zähnen etwas zu. Da es nichts Schönes war, überhörte ich es einfach.

Der Angestellte der Spielbank wurde ernst und tastete uns nach Waffen und Ähnlichem ab. Dann nahm er uns Taschen,

Ausweise und Rucksack ab und ging damit ins Nebenzimmer, obwohl ich kräftig protestierte. Das Mädchen schob uns einen Chip mit einer Nummer zu und, o Wunder, sie sprach plötzlich Deutsch.

»Bekommen Sie wieder, wenn Sie gehen.« Dabei schob sie uns durch die Tür in die Spielhalle.

»O mein Gott, wo sind wir denn jetzt gelandet?«, fragte ich und schaute Manuela mit großen Augen an. »Im Fernsehen schaut so was ganz anders aus.«

»Das hier hat mehr Ähnlichkeit mit einem Bordell als mit einer Spielbank«, meinte auch Manuela. An der Tür saß eine alte, auf jung getrimmte »Dame« auf einem erhöhten Sitz. Ihrem Blick entging nicht die kleinste Bewegung in diesem Raum, während sie irgendetwas in ein Buch schrieb. In einer kleinen Nische unterhielten sich drei zwielichtig aussehende Asiatinnen. An einem Tisch spielten einige Männer Karten, jeder ein Mädchen an der Seite. In der Mitte des Raumes stand ein großer Roulettetisch. Die Männer dürften Thailänder gewesen sein, die mit ihren schwarzen Anzügen, goldenen Uhren und Halsketten an reich geschmückte Christbäume erinnerten oder die Mafia von Sizilien nachahmten. Maskenhaft starrten sie auf die weiße Kugel, die ihre Runden drehte, und schoben dabei jede Menge Geldscheine über den Tisch. Nicht mal die offenherzigen Damen, denen sie ab und zu Chips ins Dekolletee schoben, brachten sie aus der Ruhe.

Wie so oft waren wir uns auch jetzt einig.

»Raus, und zwar ganz schnell! Das ist keine Spielbank, das ist Krimi pur!«

Wer es von uns beiden laut sagte, weiß ich nicht mehr, aber wir verließen diesen mit Samt ausgekleideten Raum sofort. Keine fünf Minuten waren wir da drinnen gewesen.

»Gefällt Ihnen unser Haus nicht?«, fragte der Uniformierte, als er uns die Taschen und Papiere wieder aushändigte.

Dieses Mal schauten wir entsetzt. Wir sagten nur: »Ist wohl doch nicht unser Ding.«

Stolz gingen wir die Stufen hinauf zur Straße.

»Und jetzt?«, fragte Manuela gelassen.

»Diese Episode legen wir in das Fach Lebenserfahrungen und haken es großzügig ab«, meinte ich kurz. »Jetzt kaufen wir uns da vorne ein großes Eis und fahren zu unserem Bungalow nach Hause. Ich glaube, für heute reicht es, oder?«

»Linie 17 stimmt. Entweder wir sind eine Station zu früh oder zu eine zu spät ausgestiegen. Sag mal, können wir nicht mal mehr bis zwölf zählen?«, fragte ich meine Freundin, als wir mutterseelenallein an den Straßenbahnschienen standen. Stockfinster war es auch schon und weit und breit keine Unterführung zu sehen.

»Du, ich glaube, wir sind eine zu früh raus. Da vorne, die Lichter, das müsste die Gaststätte neben der Haltestelle sein.« Manuela hatte recht.

Die 1200 Meter gingen wir an den Schienen entlang.

Der Fußweg sah zwar kürzer aus, aber bevor wir uns verliefen, nahmen wir den längeren, aber sichereren Weg. Für heute hatten wir die Nase voll.

Das Zähneputzen am Waschbecken im Bungalow war für heute unsere Abendtoilette, bevor wir wie zwei Steine im Bett lagen und sofort einschliefen.

So gegen acht Uhr morgens wurde ich wach, die Sonne schien mir ins Gesicht. Mit einem fröhlichen »Guten Morgen« wollte ich Manuela begrüßen, aber ich bekam keine Antwort. Ein Blick in das zweite Bett am Fenster zeigte mir, dass sie wohl schon rüber zum Duschen was. Also ab in den Trainingsanzug, Handtuch, Badetuch und Waschbeutel geschnappt und nichts wie hinterher.

Meine kühnsten Erwartungen wurden übertroffen.

Der Frauenwaschsaal war nur durch einen schmalen Flur von dem der Männer getrennt. Die Türen waren schon lange verschwunden, wie uns der vorhandene Dreck und die Spinnweben um den Türrahmen bewiesen. Nur eine Dusche besaß noch einen Vorhang und davor stand Manuela.

Mit einem »Wunderschönen guten Morgen« wollte ich sie ein bisschen erschrecken, aber sie reagierte gar nicht. Mein Blick folgte ihrem nach oben zu einer äußerst imposanten Spinne, die tapfer ihren Platz gegen Manuela verteidigte.

»Ist besetzt? Oder ist die da vor dir dran?« Ich deutete nach oben. »Oder unterhältst du dich nur ein wenig mit der Dame des Waschsalons?« Auch damit meinte ich das große haarige Tierchen.

„GESTATTEN, OLGA"

»Diese Olga da muss weg, oder ich mache keinen Schritt hinter den Vorhang!«, sagte Manuela ängstlich.

Olga, wie sie kurzerhand getauft worden war, schaute nur einmal gelangweilt zu Manuela runter, bevor sie sich aufmachte, ein kleines Loch in ihrem Netz zu flicken.

»Bitte, jetzt geh weg da. Ich will duschen.«

»Na und, mach doch, ich schau dir schon nichts ab.«

»Jetzt, hau doch endlich ab. Ich will dich nicht in meiner Nähe!«

»Was du nicht sagst, ist mir doch egal. Aber wenn du mein Netz kaputt machst, dann kannst du was erleben.«

In meinen Gedanken hörte ich das Zwiegespräch von Manuela und Olga, der Spinne. Keiner der beiden wollte nachgeben. Die eine bestand auf ihrem Gewohnheitsrecht zu duschen, die andere auf ihrem Heimrecht.

Plötzlich bemerkte ich, dass Manuela Badeschlappen trug. Mein Blick ging zu Olga, dann zu Manuelas Schlappen, zu meinen Schuhen, zu den dreckigen Fliesen am Boden und wieder zurück. Ich sah meine Sandalen schon aufweichen und in ihre Einzelteile zerfallen. Und ich sah die Badeschuhe meiner Freundin. Ich wusste, barfuß würde ich freiwillig keinen Schritt auf diesen Boden machen. Schnell hatten wir einen Kompromiss geschlossen und ich ging mit Manuelas Schlappen an den Füßen als Erste duschen. Dabei verjagte ich Olga. Diese baute sich auf der anderen Seite des Raumes ihr neues Zuhause. Manuela konnte sich anschließend ebenfalls in Ruhe und ohne Ekel vor Olga der körperlichen Hygiene zuwenden. Die erste Hürde dieses Tages hatten wir mit Bravour gemeistert.

Frisch gewaschen und gekämmt suchten wir darauf den Speisesaal. Den hatten wir auch schnell gefunden, doch die Tür ließ sich nicht öffnen. Wir sahen durch das Fenster und die Glastür junge Leute lachend beim Frühstück sitzen. Wir gingen nochmals suchend um das Gebäude. Es gab nur den einen Eingang.

Ich versuchte es noch mal. Wie Egon der Würger hängte ich mich an die Türklinke. Da öffnete uns die Wirtin mit einem wissenden Lächeln die Tür. Ich hatte wie gewohnt die Klinke nach unten gedrückt, aber bei dieser Tür musste die Klinke nach oben gezogen werden.

»Eins zu null für die Wirtin«, lachte Manuela, während ich auf einen freien Tisch zusteuerte. Die Speisekarten für das Frühstück lagen auf dem Tisch. Sie waren in tschechischer und englischer Sprache. Da wir die Erste gar nicht, und die Zweite nur wenig beherrschten, machten wir die Bestellung nach Gefühl.

Manuela nahm Ham und Eggs, da wussten wir, das ist Rührei mit Schinken.

Da man sich aber in meinem Alter schon mal mit Cholesterin abspricht, bestellte ich fingerzeigend auf ein wurstähnliches Objekt vom Nebentisch.

»Zwei zu null für die Wirtin«, sagte ich zehn Minuten später und schob meinen Teller zu Seite. »Entweder muss diese Wurst so schmecken oder sie hat schon bessere Zeiten erlebt.« Ich holte mir ein Fläschchen Nagellack aus meiner Kosmetiktasche, die ich auf den freien Stuhl neben mir gestellt hatte.

»Dann faste ich heute eben mal«, gab ich großspurig zum Besten und begann mir bei einer Tasse Kaffee die Fingernägel zu lackieren.

Eine Stunde später waren wir schon wieder in der Innenstadt.

»Heute machen wir mal die andere Seite unsicher. Vielleicht haben wir dort ja mehr Glück als gestern.«

Wir hatten! Es wurde ein schöner sonniger Tag.

Wir bummelten durch die Prager Altstadt. Gegen Mittag fanden wir ein original böhmisches Spezialitätenrestaurant mit einem freien Sonnentisch unter den Arkaden direkt in der Fußgängerzone am Altstadtmarkt. Ein Fünf-Gänge-Menü mit allem Drum und Dran ließ unsere Herzen wieder höher schlagen.

Die Glücksgöttin Fortuna musste uns an der Hand geführt haben.

Beim Beobachten der Leute rund um den Markt vergaßen wir alles Unangenehme, was wir bisher erlebt hatten. Die Zeit verging wie im Fluge. Und wir konnten schon wieder über alles lachen. Über die Spielbank, über unsere Unterkunft, das Essen, Olga, die Spinne, und den gestrigen Heimweg zu Fuß. Jetzt sahen wir es viel lockerer und mit anderen Augen. Auch heute hatte Manuela natürlich ihren Rucksack dabei. Er wurde gefüllt mit Andenken und Geschenken für unsere Kinder. Durch unzählige Seitenstraßen bummelten wir zurück zum Wenzelplatz.

»Der Cappuccino von gestern war zwar nicht das Gelbe vom Ei, aber was hältst du davon, wenn wir uns einen Eisbecher kaufen? Das Straßencafé von gestern war doch eigentlich ganz schön, oder?«, fragte mich Manuela.

Der Eisbecher mit den frischen Früchten war eine Wucht.

»Für heute haben wir doch das Glück gepachtet. Gestern sind wir wahrscheinlich nur mit völlig falschen Erwartungen an den Tag herangegangen«, sagte ich.

Wir verließen das Café und machten uns wieder auf den Weg. Die Schaufenster mit wunderbarem Schmuck und Lavastein-Figuren waren heute unsere Favoriten. Bernstein in allen möglichen Größen und Formen, mit eingeschlossenen Tieren, wie Spinnen, Käfern oder Heuschrecken, war zu sehen. Diese wollten wir gerne kaufen, aber das liebe Geld fehlte leider. Goldschmuck mit echten Granatsteinen – auch dafür reichte unsere Barschaft nicht.

Das Gewitter, das uns mit einem heftigen Platzregen überraschte, war kein wirkliches Problem für uns. Wir flüchteten einfach ins Kaufhaus Krone.

Im Erdgeschoss, gleich rechts vom Haupteingang, gab es eine große Kosmetikabteilung. Und wo fühlten sich zwei ältere Mädel mit viel Zeit am wohlsten? Genau: In der Kosmetikabteilung! Es wurde alles bestaunt, ausprobiert, Preise verglichen und eingekauft, vor allem eingekauft. Wir kauften alles: Puder, Nagellack, Lid-, Lippen- und Augenbrauenstifte, Wimperntusche und

Parfum. Wir waren in unserem Element. Ein Visagist wäre vor Neid erblasst.

Eine Stunde später standen wir mit vollen Einkaufstüten am Ausgang. Das Gewitter hatte sich verzogen und die Sonne lachte wieder durch die Wolken.

Wir gingen schräg über den Platz und landeten nun schon zum dritten Mal in dem Café, das uns so gut gefiel. Diesmal saßen wir dort mit einem kühlen Longdrink in der Hand und frisch gekaufter Farbe im Gesicht. Jetzt nur noch lächeln, flirten, ab und zu über die vorbeigehenden Männer und Frauen lästern, das machte Spaß, bis ... ja, bis wir merkten, wo wir eigentlich waren. Nämlich völlig fehl am Platz. Die anderen Damen, die sich hier aufhielten, hatten uns zuvor schon so merkwürdig gemustert. Jetzt begriffen wir auch, wieso.

Eher zufällig als absichtlich hörten wir ihre Gespräche mit Männern mit an, sie sprachen halb deutsch und halb englisch. Bereits nach einem Getränk war man sich einig.

Wir wussten jetzt auch, warum sich die Tische so schnell wieder leerten. Das war uns vorher gar nicht aufgefallen.

Möglichst rasch tranken wir unsere Gläser aus, verlangten die Rechnung und verließen diesen Ort. Wir lachten uns fast kaputt wegen der Verwechslung und warteten auf die letzte Straßenbahn.

»Was werden die Damen wohl so gekostet haben? Meinst du, die Herren haben uns an- oder ausgelacht?«, fragte ich.

»Keine Ahnung, aber auf alle Fälle wissen wir jetzt, warum sie so böse schauten, als wir hübsch gestylt von der Toilette zurückkamen«, gab mir Manuela zur Antwort.

An diesem Tag hatten wir sehr viel mehr Spaß als am Tag zuvor, hatten viel gelacht und sahen somit auch die Verhältnisse in unserer Unterkunft gelassener. Diesmal stiegen wir sogar an der richtigen Haltestelle aus.

Am nächsten Tag bummelten wir nach dem Frühstück, das wir sicherheitshalber in der Stadt zu uns nahmen, an der Moldau entlang. Wie gestern und vorgestern hatten wir auch heute strahlenden Sonnenschein.

»Ich habe dir doch bestimmt schon einmal von Erika erzählt«, begann Manuela das Gespräch. »Sie ist eine Arbeitskollegin von mir und hat bis vor etwa zehn Jahren in Prag gewohnt. Was hältst du davon, wenn wir ihr einige Informationsblätter mitbringen? Einfach nur darüber, was so in Prag und Umgebung los ist.«

Wir nahmen alles an Informationsmaterial und Programmblättern mit, was uns zwischen die Finger kam. Manuela wollte Erika eine kleine Freude damit machen und die Sehnsucht nach ihrem ehemaligen Zuhause etwas mildern.

Da wir am kommenden Morgen schon um sechs Uhr abreisen wollten, hielten wir uns nicht mehr zu lange in der Stadt auf. »*Sonntag Ruhetag*« dieses Schild hing an der Tür zum Kotva Campingrestaurant. Ein bisschen waren wir doch enttäuscht, obwohl wir wahrscheinlich keine kulinarischen Genüsse versäumten.

Egal, dann würden wir eben noch einmal fasten. Wir hatten nur der Wirtin noch eine Chance geben wollen. Es musste bei ihr doch noch etwas anderes geben außer Ham und Eggs.

Unsere Zeit verbrachten wir mit den Spielen vom Altstadtmarkt. Am meisten Spaß machte uns das Tischkegelspiel, und so wurde es wieder mal Mitternacht.

»Hallo, du Langschläferin, aufstehen! Es ist halb sechs. Wir müssen in einer halben Stunde abfahren. In acht Stunden beginnt dein Dienst. Ich habe schon geduscht.« Mit diesen unsensiblen Worten wurde ich geweckt.

Pünktlich um sechs Uhr war ich fertig. Duschen, Auto packen, Schlüssel abgeben – alles in einer halben Stunde.

Wir verließen unser nicht sehr komfortables Domizil. Nun ging es quer durch Prag. Ich schaffe den Weg blind, dachte ich.

Schon hatte ich die richtige Autobahnausfahrt übersehen und

fuhr genau in die anderer Richtung. »Warschau« stand auf dem Schild und nicht »Passau«.

Dabei war ich mir heute so sicher gewesen, dass ich es auf Anhieb schaffen würde.

Egal, bei der nächsten Raststätte würden wir schnell umdrehen und zurückfahren. Denkste! Sechzig Kilometer musste ich fahren, bis ich mir eine Landkarte, Zigaretten und eine Tasse

Kaffee kaufen konnte. Ersteres brauchte ich zur allgemeinen Verkehrsinformation, Zweiteres zur Beruhigung meiner Nerven. Anschließend wieder sechzig Kilometer zurück, auf die richtige Autobahn und dann nach Passau. Da hatten wir noch etwas zu erledigen.

Auf der Hinfahrt hatten wir beim Metzger eine spezielle Wurst, die es bei uns nicht gibt, bestellt, die mussten wir unbedingt noch abholen.

Jetzt hatte ich den Weg wieder voll im Griff.

Bis Passau gab es kein Problem.

»Du, da drüben ist die Autobahn, bleiben wir auf der Landstraße bis Simbach?«, fragte ich Manuela. Etwas kleinlaut gab ich zu: »Ich hab schon wieder die Abfahrt übersehen.« Oh Schande. Ausgerechnet hier übersah ich die Abfahrt. Das kommt davon, wenn man sich nicht konzentriert bei der Fahrt und immer nur redet. Es war mir schon peinlich, ich bin aus Niederbayern. Der größte Teil meiner Verwandtschaft ist aus der Gegend von Passau und ausgerechnet hier musste ich mich verfahren. Aber wir hatten ja noch Zeit.

Es waren nur noch 230 Kilometer zu fahren und mein Dienst begann erst in fünf Stunden. Bis kurz vor Simbach war alles im grünen Bereich. Aber dann ging es mit den Umleitungen los. Die Anzahl der Kilometer blieb, aber die Zeit wurde immer weniger und ich immer nervöser.

Noch 120 Kilometer in einer Stunde? Ob ich das schaffte?

Zur Vorsicht hielt ich an der nächsten Telefonzelle und rief im Büro an. Sie sollten wissen, dass ich unterwegs war.

Tüt, tüt, tüt ... meine Nerven waren angespannt bis zum letzten. Endlich nahm jemand den Hörer ab.

»Hallo, ja hier bin ich, die Josy. Ich bin noch zirka 120 Kilometer von euch entfernt. Es tut mir leid, aber ich bin im Stau. Es wird wahrscheinlich später. Ja, ist gut... ich beeil mich.«

»So, jetzt wissen die jedenfalls Bescheid, jetzt ist mir wohler.«

Hatte mich Manuela überhaupt registriert? Und hoffentlich sah uns niemand.

Mit Stielkamm, Bürste und Haarspray stand sie mit mir in der engen Telefonzelle, sprühte wie wild durch die Gegend und versuchte so, meine frisch gewaschenen, windzerzausten Haare auf Vordermann zu bringen.

Ein heftiges Herbstgewitter mit Platzregen ließ mich noch mal eine halbe Stunde warten. Vor uns hatte es einen Unfall gegeben, wahrscheinlich Aquaplaning.

Das war's dann wohl. Unser Kurztrip nach Prag war vorbei.

Kapitel 2

Wir sind jetzt drei

»Weißt du schon, wann wir genau fahren, langsam, aber sicher muss ich die Zimmer im Admiral bestellen. Unsere freien Tage sollten wir bald absprechen. Du hast jedes Wochenende frei, aber ich brauch erst das O.K. von meinem Chef«, sagte ich zu Manuela. Wir planten unsere zweite gemeinsame Reise nach Prag. In etwa drei bis vier Wochen wollten wir fahren.

»Josy, was hältst du davon, wenn wir dieses Mal Erika mitnehmen? Sie könnte mal wieder ihre Heimat sehen, und wir hätten unseren eigenen Fremdenführer dabei«, fragte Manuela.

»Ja von mir aus, wenn du glaubst, wir passen zusammen«, gab ich ihr zur Antwort.«

»Ich glaube schon. Der Humor und einige Hobbys und Interessen sind mit Sicherheit gleich. Nur, das Admiral könnte ihr zu teuer werden. Sie ist frisch geschieden, und du weißt ja, wie das ist mit dem Geld und so. Weißt du nichts anderes? Eine Unterkunft, wo es Dreibettzimmer gibt, die sind nicht so teuer«.

Zwei Tage später rief ich Manuela wieder zu Hause an.

»Ich habe noch eine Adresse mit Telefonnummer gefunden. Camping-Caravan. Im Stadtteil Smichov, ca. 20 Minuten von der Innenstadt entfernt. Sie vermieten Zimmer mit Heizung und fließend warm und kalt Wasser. Die Duschen sind im Nebengebäude, aber neu, die kenne ich. Du weißt doch, ich war im März für acht Tage in Prag. Die haben auch ein Dreibettzimmer. Ich hab es zwar nicht gesehen, aber so schlimm wie in Kotva kann es unmöglich sein. Ich habe die Vermieter kennengelernt und die Außenanlage und die Anmeldung selber gesehen. Es ist nicht das Sacher von Wien, aber es ist sauber und gepflegt.

Hundert Meter weiter ist ein Restaurant mit tollem Essen. Der Wirt spricht deutsch, es ist eigentlich eine Art Vereinslokal mit einem privaten tschechischen Schiffanlegeplatz, aber Fremde dürfen auch rein. Ich gebe dir die Telefonnummer und dann kann Erika selber anrufen. Dann gibt's auch keine sprachlichen Verständigungsschwierigkeiten.«

Am nächsten Tag war alles klar. Der Termin war abgesprochen und Erika hatte auch schon das Dreibettzimmer bestellt.

Drei Wochen später trafen wir uns zum ersten Mal. Erika war mir auf Anhieb sympathisch. Allerdings musste ich alle zwei Stunden anhalten, denn Erika brauchte dringend eine Toilette, wenn sie aufgeregt war. Heute war sie es besonders. Sieben Stunden dauerte die Fahrt, zwei Stunden länger als sonst, aber es war kein bisschen langweilig. Wir plauderten über alles Mögliche und lernten uns so schnell gut kennen.

Mit ihrem Wissen über die Geschichte und die Sagen rund um die tschechische Hauptstadt hat sie mich von Anfang an beeindruckt. So erfuhr ich auch, dass Prag, also Praha, auf deutsch Schwelle heißt.

Ein Tross mit Slawen, darunter die üblichen Hexen und Zauberer mit ihren Schlangen lagerte vor knapp zweitausend Jahren an dem Platz, wo sich heute die Altstadt befindet. Die Schlangen fühlten sich wohl im Inneren der Schwelle, das wiederum bedeutete: »Hier ist der richtige Platz, hier bleiben wir.« Von innen nach außen wurden die Häuser gebaut.

Sofort und ohne Umweg fand ich den Stadtteil Smichov und den Campingplatz wieder. Nachdem Erika die Formalitäten für unser Zimmer erledigt hatte, stellten wir unsere Koffer ab und gingen sofort in das mir schon bekannte Restaurant, bevor die Küche schloss. Wir hatten alle drei einen Bärenhunger, denn es war schon spät. Ich bekam mein Lieblingsessen, ein gutes böhmisches Gulasch mit Knödeln und Salat und sofort ging es mir besser. Meine Welt war wieder in Ordnung.

Die beiden anderen waren ebenso begeistert vom Essen. Sie bestellten sich eine Neptunplatte, die Spezialität des Hauses. Gegen Mitternacht gingen wir ins Bett, wir waren alle drei hundemüde. Trotzdem machten wir noch bis drei Uhr morgens Pläne für die nächsten Tage.

Pünktlich um acht Uhr kam Erika mit frischem Kaffee ins Zimmer und weckte mich. Manuela war schon fertig, wie immer. Das Frühstück war auch schon auf unserem kleinen Tischchen gedeckt. Unsere neuen Vermieter hatten für uns und die anderen Feriengäste, außer uns waren nur noch sechs Personen im Haus, frischen tschechischen Kaffee gekocht. Mir persönlich schmeckt er sehr gut. Er wird nicht wie bei uns mit heißem Wasser aufgebrüht, sondern im Wasser gekocht. Seitdem heißt er bei mir Kaffee mit Schmutz.

Nach dem Frühstück machten wir uns als Erstes auf den Weg in die Stadt zum Einkaufen. Der Monat Oktober machte sich heuer keinen goldenen Namen, denn es war kalt und windig. Mit Mantel, Schal und Handschuhen machten wir uns auf den Weg. Jede von uns einen Rucksack auf dem Rücken. So hatten wir mehr Bewegungsfreiheit, und die brauchten wir.

In acht Wochen wäre Weihnachten. Man merkte es sofort, als wir die große Tür vom Kaufhaus Tesco öffneten. Wir traten in eine andere Welt.

Stille Nacht, heilige Nacht, oder *Leise rieselt der Schnee,* so hörte man es aus den Lautsprechern. Wir verstanden zwar die Worte nicht, aber wir kannten die Melodien. Wir traten in ein Märchenland. Alles war weihnachtlich geschmückt.

Sterne und Engel, große und kleine, hingen von der Decke, wie von Zauberhand geführt schwebten sie über den Köpfen der Kunden. Schon der leiseste Lufthauch beim Öffnen der Türen brachte sie in Bewegung.

Nikoläuse in jeder Etage, einfache Figuren mit rotem Mantel,

„ICH WÜNSCH MIR DEN DA!"

Rauschebart und mächtigen Nikolaushüten und einem großen
Jutesack voll Geschenken, so standen sie da.

Sie bewegten sich nicht. Es waren ja nur Figuren, nicht wie bei
uns in der modernen Welt mechanische Puppen oder Roboter,
die kleine Kinder und alte Frauen erschrecken. Nein, vor ihnen
brauchte man keine Angst zu haben.

Ganz vorsichtig konnte man sie berühren und lange, lange
anschauen. Ich spürte keine Hektik, obwohl gerade Hunderte
von Menschen hier einkauften, groß und klein, jung und alt,

Mann und Frau, jeder kaufte ein oder sah sich seine Wunschgeschenke genau an.

In jeder Abteilung stand ein Christbaum in jeweils einer anderen Farbe.

Mit viel Geschmack und vor allem viel Liebe war hier dekoriert worden.

Auch wir kauften Weihnachtsschmuck und Geschenke nicht wahllos, sondern mit der gleichen Liebe und Ruhe, die dieses Haus für uns ausstrahlte.

Nach zwei Stunden machten wir uns auf den Weg zur Kasse.

Ein kleines Mädchen vor mir bezahlte ihren Einkauf mit vielen kleinen Münzen, da hörte ich es: ein Klingeln.

Sofort fiel mir wieder ein Märchen ein, das mir vor vielen Jahren mein Opa einmal erzählt hatte. Es endete damit: Wenn man in der Zeit vor Weihnachten eine Glocke klingen hört, bekommt ein Engel seine Flügel.

Ob es jetzt auch so war?

»Hey, meine Damen, wo bleibt ihr denn? Wollt ihr den ganzen Laden aufkaufen oder lasst ihr für die anderen Kunden noch was übrig?«, rief uns Erika über zwei Tische hinweg zu. Sie war schon fertig mit ihrem Einkauf. Sie hatte es leicht, sie kaufte gezielt ein, während Manuela und ich alle zehn Meter etwas Neues entdeckten.

Wir mussten uns geradezu durch die weihnachtliche Pracht der Dinge wühlen, Dinge, die es bei uns schon seit zig Jahren nicht mehr gibt, uns aber an unsere eigene Kinderzeit erinnerten.

»Ich bin schon fertig. Ich muss nur noch bezahlen!«, rief ich über die Köpfe der vielen anderen Kunden und schon war ich an der Kasse.

Manuela konnte sich nicht entscheiden zwischen all den Christbaumkugeln.

»Was soll's, für heute reicht das, was ich gekauft habe. Wir fahren doch nächstes Jahr wieder hierher, oder?«, meinte sie und stellte sich in die Warteschlange vor der Hauptkasse.

Vollbepackt mit Taschen, Kartons und Geschenken standen wir fünf Minuten später vor der Kaufhaustür.

»Jetzt noch in das Botanicus und dann einen guten Kaffee mit Kuchen.«

Kaffee und Kuchen waren uns bekannt, aber was in aller Welt war »Botanicus«?

»Botanicus ist ein kleiner Laden in der Altstadt, dort gibt es alles, was schön macht und duftet, lasst euch einfach überraschen«, meinte Erika.

Mir war das im Moment egal und ich sagte: »Hauptsache, ich kann bald rauchen. Seit drei Stunden keine Zigarette, meine Damen, ich bin süchtig, sagt euch das etwas? Ein Gefühl von Muskelkater in den Oberschenkeln macht sich bei mir schon breit. Also jetzt zum Endspurt, in spätestens einer halben Stunde setze ich mich, und wenn es mitten auf der Straße ist.«

Die beiden sahen mich kurz an und fingen sofort an zu lachen. Wahrscheinlich stellten sie sich es gerade bildlich vor. Ich mitten auf der Straße mit Mantel, Rucksack, Plastiktüten, den Karton mit Christbaumkugeln unter dem Arm und die Zigarette in der Hand.

»O.K., ist ja gut, so war's ja jetzt auch nicht gemeint«, sagte ich und lachte mit meinen Freundinnen mit.

Fremde Leute huschten eilig an uns vorbei, manche sahen uns verwundert an und schüttelten den Kopf. Andere wiederum lächelten uns zu und gingen weiter.

Wir schlenderten durch einen Torbogen in eine Art Innenhof.

Es war eine kleine Stadt für sich, drei bis vier kleine Geschäfte, ein Café, zwei Restaurants (ein normales und ein etwas besseres, gehobeneres) und dann sahen wir es: ein kleines rotes Häuschen, fast drängte es sich ein bisschen in die Straße, damit man es nicht übersah.

Stolz deutete Erika mit einer einladenden Handbewegung auf die fünf Stufen nach oben zur Eingangstür.

»Das meine Damen ist das Botanicus, jetzt gehen wir rein und lassen die ganze Atmosphäre auf uns einwirken. Ihr werdet schon sehen, wie die Düfte beruhigen«, sagte sie uns augenzwinkernd. Manuela und ich sahen uns an, zweifelnd und das Gesicht leicht verzerrt.

Rund um die Tür waren getrocknete Blumen zu Girlanden gewunden. Die Tür ging auf und ein Duft, der unbeschreiblich war, empfing uns. So schön kann man eigentlich nur träumen. Ich hatte etwas Ähnliches noch nie erlebt.

Rosen, Nelken, Orchideen, Flieder, Maiglöckchen und vieles mehr hingen getrocknet von der Decke. Hier gab es alles. Alles, was ein Frauenherz begehrt.

Essenzen, Cremes, Badezusätze und man konnte sich die Düfte und Salben selber machen. Die Regale und Schränke auf der rechten Seite waren voll davon.

Arme Erika, sie war selber schuld, warum hatte sie uns auch dieses Geschäft gezeigt? Jetzt wurde sie von uns voll und ganz beschäftigt.

»Erika, bitte komm mal und lies mir das vor!«

»Erika, schau mal, für was bracht man das?«

»Erika, ist das ein Rezept für Creme, Badeschaum oder Parfum? Bitte lies mal!«

Manuela und ich, wir wollten alles wissen, und Erika las uns mit der Geduld einer Kindergartentante vor, übersetzte ins Deutsche und erklärte uns alles, was wir wissen wollten. Beinahe zwei Stunden verbrachten wir in dem kleinen Häuschen, in dem es so viel zu sehen und zu bestaunen gab.

Kerzen, Seifen und Öle konnte man selber machen oder fertig gemischt kaufen.

»Ich muss jetzt hier raus. Mein Magen knurrt und mir ist schon schlecht vor lauter Hunger«, sagte schließlich Manuela. Auch Erika und ich merkten erst in dem Moment, dass wir seit fünf Stunden nicht geraucht hatten. Es wurde Zeit zu gehen.

Gegenüber in dem kleinen Café, es hatte nur fünf Tische und eine große Theke, fanden wir noch einen freien Platz. Bei Kaffee und

Strudel wurden unsere Kostbarkeiten ausgepackt und beschnuppert. Der Tisch war voll mit unseren Fläschchen und Seifen, als die Kellnerin mit unserer Bestellung kam Verständnisvoll lächelte sie uns an und wartete, bis wir Platz schufen.

»Wie die schaut, erlebt sie so kaufwütige Weiber bestimmt jeden Tag ein paar Mal«, sagte ich und warf ihr einen dankbaren Blick zu.

Bis achtzehn Uhr bummelten wir noch durch die Stadt, dann mussten wir zurück nach Smirchov.

Erika war anschließend mit einer Freundin aus alten Zeiten verabredet, und Manuela und ich wollten uns auch einen ruhigen Abend gönnen.

»Um halb zehn bei dem Metzger, ja, da treffen wir uns morgen wieder. Findet ihr hin? Oder doch lieber am Wenzelplatz bei dem großen Pferd?« Erika war ganz aufgeregt, in einer Stunde würde sie ihre alte Freundin Camilla wieder in den Arm nehmen. Seit fünfzehn Jahren hatten sie sich nicht mehr gesehen.

»Erika, meinst du am Kopf oder am Schweif des großen Pferdes? Oder das Pferd, das über dem Platz hängt?«, fragte ich spitzbübisch, als sie schon fix und fertig an der Tür stand und gehen wollte. O Gott, ihr Blick sagte alles, sie war am Rande der Verzweiflung. Manuela und ich sahen uns an und lachten.

»Jetzt mach endlich und geh, ich wollte dich nur ärgern. Morgen um neun Uhr dreißig beim Metzger. Schau nicht so, ich weiß genau, wie man da hinkommt. Ich bin ja nicht das erste Mal in Prag«, sagte ich.

»Viel Spaß, viele Grüße und treibt es nicht zu bunt«, riefen wir ihr nach.

Am nächsten Morgen frühstückten wir bereits in der Stadt, um ja pünktlich an unserem Treffpunkt zu sein. Von dort aus unternahmen wir einen geschichtsträchtigen Ausflug zu Burg. Mit Erika hatten wir unseren eigenen Burgführer dabei.

Alles, was sie nicht auswendig wusste, las sie uns vor und

übersetzte es gleich ins Deutsche. Manchmal sprach sie auch mit uns Tschechisch und mit den Tschechen Deutsch, was wir ihr lachend verziehen.

Sie war schlicht und einfach vor Freude und Stolz, uns ihre Stadt zeigen zu können, etwas durcheinander. Hinzukam noch ihre Aufregung, mal wieder in ihrer Heimat zu sein.

Bei Mústek starteten wir, der Name erinnert an eine alte Brücke, die es aber nicht mehr gibt. Über viele kleine Gassen gingen wir zu Karlsbrücke, die nachweisbar schon im zehnten Jahrhundert geschichtlich erwähnt wurde. Zu dieser Brücke gibt es sehr viele Geschichten, Legenden und Sagen.

Eine der bekanntesten Geschichten sagt: Als Karl IV den Bau angeordnet hat, wünschte er zum Zwecke der Festigung der Fundamente der Brücke, in den Mörtel Eier und Wein zu mischen. Weil jedoch Prag nicht genug Eier bereitstellen konnte, mussten auch andere Städte mit Eiern aushelfen, wobei die Bewohner einer südböhmischen Stadt namens Velvery unrühmlich bekannt wurden. Aus Angst, die zerbrechliche Ware könne beim Transport Schaden nehmen, lieferten sie die Eier lieber gleich hartgekocht ab. Eine ganze Wagenladung voll.

Heute ist die Karlsbrücke mit ihren dreißig Figuren wohl die bekannteste Brücke Prags. Auf der Brücke ist immer etwas los. Vor vielen, vielen Jahren wurde sie schon zu Fußgängerzone gemacht.

Wir sahen, wie Studenten ihre Schätze zum Verkauf anboten. Silberschmuck für Ohren, Hals und Hände oder Haarschmuck aus Leder, Keramik, Perlen und Filigranarbeit wollte man hier veräußern. Maler priesen ihre Kunst an, ob Portrait in Kreide oder Bilder in Aquarell oder in Öl. Ein Kunstwerk nach dem anderen wurde vorgestellt. Auch die Musik wurde hier sehr geliebt, überall sah man kleine Grüppchen mit musizierenden und singenden Menschen.

Eine Musikgruppe hatte mich persönlich ganz besonders verzaubert. Keinen Schritt ging ich mehr weiter. Es dürfte in der

Mitte der Brücke gewesen sein, vier Personen standen da in mittelalterlichen Kleidung, mit einer Harfe, einer Laute und einem dritten Instrument, das ich nicht kannte. Sie spielten Weisen wie vor 500 Jahren, ein Minnesänger sang dazu.

Es war wunderbar. Ich hörte und sah nur noch die vier Musiker.

»Josy, wir haben heute noch einiges vor. Was hältst du davon, wenn wir weitergehen?« Eine meiner Freundinnen, ich weiß nicht mehr welche, riss mich aus meinen Gedanken und ich kam wieder auf den Boden der Tatsachen zurück.

»Den heiligen Nepomuk, den müssen wir berühren. Er ist die älteste der 30 Figuren. Seit 400 Jahren steht er nun schon auf seinem Platz auf der Karlsbrücke. Es wird erzählt, wenn er einem Menschen wohlgesinnt ist, bringt er ihm Glück. Egal in welcher Angelegenheit«, klärte uns Erika auf.

Es führte kein Weg daran vorbei, auch wenn es nur eine Sage ist, wir sind beide abergläubisch, Erika und ich. Wir mussten wir den heiligen Nepomuk berühren, und so stellten wir uns in die Reihe vor der Statue.

„FRAUENWÜNSCHE BEIM HL. NEPOMUK"

41

Leute aus allen Nationen wussten von der Sage und sprachen kurz mit der Figur, bevor sie zaghaft einen Finger oder die Hand auflegten.

Weiter ging es die Nernderstraße nach oben zur Burg.

Mein Muskelkater wuchs mit jedem Meter bzw. mit jedem Schritt nach oben, was aber meine beiden Freundinnen überhaupt nicht beeindruckte.

Endlich waren wir oben angekommen.

Zackige, junge Soldaten standen vor ihren Wachhäuschen und beschützten die Burg.

»Meine Damen, bitte ein freundliches Gesicht und stillhalten, ich brauche ein Bild für unser Fotoalbum.« Schon kramte ich in meinem Rucksack nach der Kamera.

Erika ging in ein Büro und kaufte drei Universalkarten, die uns zum Eintritt in jedes Gebäude, die Kirche, die Schatzkammer, die Gruft etc. berechtigte.

»Bitte noch mal alle aufstellen.« Vor der St. Veith Kathedrale wollte ich noch mal Bilder machen. Jede musste sich mit jeder in Positur stellen und wurde fotografiert, so hatte jede von den anderen ein Bild und war selber mit drauf.

„LÄCHLE !!! SONST !?!"

In der Kirche sahen wir uns genau um. In einem silbernen Sarg, mit einer lebensgroßen Figur des heiligen Nepomuk und einem Engel darüber, ebenfalls in Silber, waren die Überreste des Heiligen aufbewahrt.

Wir folgten einer ungarischen Reisegruppe in die Gruft der böhmischen Könige, in der auch König Rudolf II nebst Gemahlin lag. König Rudolf II war den damaligen Alchimisten sehr zugetan. Er befürwortete ihr Tun und gab ihnen Schutz.

Weiter ging es durch die herrlichen Gärten. Etwas abseits davon stand ein kleines Badehäuschen. »Was würde uns das Häuschen wohl erzählen, wenn es sprechen könnte?«, fragte Manuela.

»Ja, sei nicht so neugierig, würde das Häuschen sagen«, gab Erika zur Antwort.

»Ich meine doch nur so, oder wollt ihr es nicht wissen? Das wäre ja ganz was Neues«, sagte Manuela.

»Ja, sei nicht so neugierig, würde das Häuschen sagen« meinte Erika noch mal und alle drei fingen wir an zu lachen, bei der Vorstellung dass das kleine Badehäuschen sich mit Manuela unterhalten würde. Was hätte sie wohl für Fragen? Was würde ihr das Häuschen antworten?

»Jetzt seid nicht so albern, stellt euch zu mir auf die Wiese und macht die Augen zu. Seht ihr es auch? Da vorne auf der Steinbank, das ist die Tochter des Königs, sie wird von ihrer Zofe gekämmt, kleine Mädchen pflücken Gänseblümchen, die der Prinzessin ins Haar geflochten werden. Die größeren Kinder spielen mit dem Ball auf der Wiese. Hört ihr sie auch lachen? Und das Singen und Ringelreihen-Tanzen der kleinen Mädchen? Da vorne an der Burgmauer, das könnte Mozart sein, mit seiner kleinen Freundin. Ich kann sogar den Minnesänger von heute Vormittag vor meinem geistigen Ohr hören. Kommt, gehen wir weiter, man kann die Zeit nicht zurückdrehen«, sagte ich.

»Wir müssen noch etwas anderes ansehen. Von dem goldenen Gässchen, da will ich noch einiges wissen. Vor einem halben Jahr war ich mit einem deutsch sprechenden Reiseleiter da, aber ich hatte so viel zu schauen, dass ich bestimmt die Hälfte überhörte. Aber du, liebe Erika«, dabei sah ich sie wie die bettelnde Katze aus der Fernsehwerbung an, »erzählst mir das noch mal alles ganz genau, oder?«

Manuela und Erika lachten laut auf.

»Wenn du dich jetzt gesehen hättest, würdest du auch lachen«, meinte Manuela.

»Aber sicher, was willst du denn wissen«, fragte mich Erika.

»Alles«, war meine Antwort.

»Das goldenen Gässchen wurde ca. 1590 erbaut, hier wohnte die Leibgarde des Königs und da vorne ist der Daliborkaturm, es war damals der Kerker. In der goldenen Gasse befinden sich heute kleine Läden, dort, wo man einst behauptete, hier hätten die Alchimisten des Kaisers Rudolf II gewohnt. Irgendwann in den dreißiger Jahren des 19. Jahrhunderts kaufte sich ein gewisser Wiener Professor F. Uhle ein Häuschen in dieser Gasse. Er war ein gelehrter, aber auch überspannter Mensch und Sonderling. Als alter Mann mit Vollbart kam er nach Prag. Er sah aus, als wäre er gerade dem alten Testament entsprungen.

Er wollte keinen Umgang mit den Leuten, er kaufte sich alte Bücher über Alchimie und Naturwissenschaften. In seinem Häuschen führte Herr Uhle chemische Versuche durch. Am Pfingstsonntag 1831 erschütterte eine Explosion die Wände jenes Häuschen. Vergebens pochten die Nachbarn an die Tür, durch ein Fensterchen sah man Flammen im Haus. Als die Feuerwehr eindrang, fand man den Alchimisten tot auf dem Boden. Einige behaupteten sogar, er habe die Lösung gefunden, wie man aus Stein Gold macht. Er soll in seiner verkrampften Faust ein Klümpchen reinstes Gold gehalten haben.«

Wie gebannt hingen meine Augen an Erikas Lippen. Sie konnte gut erzählen und ich wollte kein Wort überhören.

»Der Daliborkaturm ist ein Kerker aus dem Ende des fünfzehnten Jahrhunderts. Wegen Intrigen, die zu jener Zeit ganz normal und üblich waren, wurde der Ritter Dalibor, der Beschützer der Aufständischen, zum Tode verurteilt. Er war der erste Kerkerinsasse. Da er für seinen Unterhalt selber aufkommen musste, bekam er von einem Gönner heimlich eine Geige zugespielt. Er lernte auf dem Instrument so wunderschön zu spielen, dass die Menschen von der Straße unter dem Turmfensterchen begeistert lauschten und als Belohnung Lebensmittel für ihn besorgten. Das war's, mehr weiß ich nicht«, meinte Erika.

»Das reicht mir schon. Das waren zwei schöne Geschichten.«

»Seht ihr da vorne rechts das Lokal? Ja, genau, da vorne. Schaut, die Männer in ihren grauen Uniformen, sie gehen in die Wirtschaft, seht ihr sie? Dort in dieser Gaststätte wurde der brave Soldat Schweijk ins Leben gerufen. Er ist eine Geschichte wie so viele in Prag, ob es ihn je gab oder nicht? Das weiß heute keiner mehr so genau, aber in diesem Lokal wurde über ihn geschrieben und hier wurde er bekannt. Noch heute sieht man Männer in Uniformen, die ihn imitieren.«

Erika hatte uns auf die Soldaten in Zweier- und Dreiergruppen aufmerksam gemacht. Zum Teil sah man sie auch in Zehnergruppen, wie sie den Berg zur Burg nach oben und nach unten marschierten. Wir wussten wieder mal nicht, wohin wir zuerst schauen sollten, nach oben oder nach unten.

Als wir an diesem Tag zum zweiten Mal die Karlsbrücke überquerten, sagte uns Erika: »So, meine Damen, da vorne ist der Brückenturm. Wenn ihr fünf Eisvögel findet, sie sind in den Turm eingemauert, geht euch ein Wunsch in Erfüllung. Also, schaut genau, beim fünften Vogel nichts sagen, einfach nur wünschen und wenn ihr niemandem davon erzählt, erfüllt euch der fünfte Eisvogel euren Wunsch. So ist es und so war es immer schon.«

Manuela und ich suchten jeden Zentimeter des Turms ab, bis wir sie gefunden hatten. Ob unsere Wünsche in Erfüllung gehen würden? Wer weiß?

Wir durften nicht darüber sprechen. Bis heute konnten wir nicht in Erfahrung bringen, wieso. Aber es war so!

Wir warteten am Busbahnhof, um die letzten zwei Stationen zur Unterkunft zu fahren. Da begann plötzlich über unseren Köpfen ein Feuerwerk der Spitzenklasse. Schöner als zu Sylvester. Die Farben und Formen waren einfach überwältigend. Zehn Minuten dauerte das Schauspiel und niemand kannte den Anlass. Erika wusste es auch nicht. »Feiertag ist keiner heute, auch kein geschichtsträchtiges Jubiläum, so viel mir bekannt ist. Wissen Sie den Grund für das Feuerwerk?«, fragte sie die umstehenden Einheimischen, aber die schüttelten nur den Kopf.

Eine altere Frau neben uns konnte etwas Deutsch und meinte freundlich: »Nehmen Sie das Feuerwerk doch als persönlichen Gruß an Sie von unserer Hauptstadt Prag.«

»Aber wir müssen doch morgen schon wieder nach Hause fahren«, gab ich ihr zur Antwort.

»Dann ist es auch gut. So soll es ein Auf Wiedersehen bedeuten. Prag hat sich von euch dreien verabschiedet.«

Das war ein schöner Satz, den wollten wir glauben.

Unser Bus fuhr vor und die nette Frau war plötzlich weg, wir konnten sie nicht mehr sehen. Dabei wollten wir ihr nur »Auf Wiedersehen« sagen.

»Was ist denn heute los? Schaut mal, ich glaub, euer Sindy ist heute komplett reserviert«, sagte Manuela, als wir in der Tür zum Gastraum standen.

»Schade, ausgerechnet heute zum Abschied. Na ja, dann gehen wir eben wieder«, meinte ich ein bisschen enttäuscht.

»So viel ich sehe, steht da ›Herzlich willkommen unserem Brautpaar‹«, übersetzte Erika. »Da wird heute eine Hochzeit gefeiert.«

»Dann ist ja alles klar. Kommt, wir gehen woandershin«, sagte ich. »Hier müssen wir nicht stören.«

»Hallo, hallo, meine Damen, wo wollen Sie denn hin? Haben Sie heute keinen Hunger?«, rief uns der Wirt nach, als wir schon wieder gehen wollten.

»Doch, sogar einen riesigen Hunger, aber Sie haben doch eine Hochzeit, da sind wir heute fehl am Platz.«

»Aber Sie sind doch auch unsere Gäste, und wenn Sie sich zu uns an den großen Tisch setzen wollen, sind Sie herzlich eingeladen. Wir freuen uns, wenn Sie dabei sind.«

Es war eine schöne Hochzeit und ein schöner Abend.

Manuela und ich verstanden nicht viel, aber die Mimik und Körpersprache ist in jedem Land der Erde gleich, den Rest übernahm Erika. Sie musste uns auch einige Texte der Lieder übersetzen, welche die Musiker sangen.

Um ein Uhr morgens verließ ich das Fest, ich war hundemüde und hatte am nächsten Tag eine lange Autofahrt vor mir. Meine beiden Freundinnen feierten und tanzten noch fleißig mit. Zwei Stunden später kamen sie auch ins Zimmer.

Beim Frühstück waren wir noch sehr gesprächig, aber mit jeder halben Stunde, die uns dem Abschied näher brachte, wurden wir stiller. Schweigend luden wir unsere Koffer ins Auto, knuddelten die beiden Hunde, die so brav aufpassten.

Mit einer Träne im Augenwinkel verabschiedeten wir uns von unseren Vermietern. Im Auto sahen wir uns kurz in die Augen, machten die Fenster auf und riefen den Winkenden zu: »Wir kommen wieder!!«

Eigentlich wollten wir ja diesmal auf der Landstraße heimfahren und in meiner Heimatstadt eine Pause machen, aber die mussten wir ziemlich bald streichen.

Seit einer dreiviertel Stunde standen wir schon am Grenzübergang zur Bundesrepublik Deutschland. Und so wie es aussah, hatten wir noch eine Stunde vor uns, bis wir den letzten Kilometer zur Passkontrolle geschafft hätten.

»Wahrscheinlich können wir unsere gemütlich Kaffeestunde

nachmittags vergessen. Seit eineinhalb Stunden stehen wir nun schon im Stau, mein Muskelkater in den Beinen hat sich mit einem anständigen Krampf verbündet. Vor lauter Kuppeln, Gasgeben, Bremsen habe ich bald kein Gefühl mehr in den Beinen«, sagte ich zu meinen beiden Mitfahrerinnen.

Noch zwei Wagen standen vor uns, dann sollen wir kontrolliert werden. Das Seitenfenster unseres Auto war schon lange offen, als ich ganz langsam vor das Grenzhäuschen fahre.

Vier Beamte standen vor der Holztür des Häuschens. Ein kurzes »Grüß Gott, Passkontrolle« zeigte uns sofort, diese Männer verstanden keinen Spaß.

Unsere drei Reisepässe hielt ich ihnen gleich unter die Nase. Bei der Einreise in die Tschechische Republik vor vier Tagen waren wir gleich ohne Kontrolle durchgewunken worden. Heute nahmen sie mir alle drei Pässe ab und gaben unsere Daten in den Computer ein. In der Fahndung waren wir offensichtlich nicht, aber ein knappes »Kennen Sie diese Dame persönlich?« ließ uns aufhorchen und die Gesichtsfarbe wechseln.

»Ja sicher, wir sind befreundet und haben ein paar Tage bei ihrer Familie zu Hause verbracht«, sagte ich genauso überheblich, wie er mich arrogant gefragt hatte. Es war zwar gelogen, aber was ging es ihn an, wo wir uns aufgehalten hatten.

Eigentlich wollten wir ja sagen:»Welche Dame, um Himmels Willen, wie kommt die auf die Rückbank?« Aber bei dem ernsten Blick wollten wir ihn nicht reizen. Was er allerdings genau damit meinte, wussten wir nicht so genau. Aber wegen des Staus und dem Andrang am Grenzübergang akzeptierten wir die schlechte Laune der Herren.

Auf der Suche nach einer Telefonzelle für Manuela und mich und einer Toilette für Erika nahm ich wieder mal die falsche Abfahrt. Also fuhren wir doch auf der Landstraße Richtung Heimat. Die etwa 120 Kilometern Umweg begründete ich mit dem Argument, meinen beiden Freundinnen mal diese Gegend von Bayern zeigen zu wollen.

Die Frage, ob ich mich wieder mal verfahren hätte, wies ich kurzer Hand von mir. Hundert Kilometer vor unserem Ziel hielten wir in einem kleinen Dorf vor München, um zu Hause anzurufen.

»Guten Abend!« Wir drei standen mitten im Gastraum der kleinen Gaststätte.

Vierzehn Köpfe hoben sich langsam und die dazugehörigen Augen schauten uns an.

Jeder Tisch war besetzt. Am Stammtisch spielten die Einheimischen Karten.

Die Wirtin saß mit einigen Gästen am unteren Ende des Tisches und schaute den Spielenden zu. Am anderen Tisch ein älteres gelangweiltes Pärchen, sie waren bestimmt schon länger verheiratet, denn sie hatten sich nicht viel zu sagen.

Daneben, am dritten Tisch, ein Herr, älteres Baujahr, österreichischer Vertreter und Übernachtungsgast des Lokals, wie sich später herausstellte. Eine Illustrierte vor sich, gepflegter Anzug.

War er genauso schüchtern wie unsere Manuela? Oder wollte er nur seine Ruhe?

Am nächsten Tisch drei jüngere Leute, mit einem guten Essen vor sich, es sah lecker aus. Soweit ich sehen konnte, schwäbische Käsespätzle mit Salat, irgendetwas Fleischähnliches in einer kleinen Pfanne mit Pilzsoße, es roch nach frischen Pfifferlingen. Beim dritten hätte man raten müssen, er war schon fertig mit dem Essen. Es war nur noch ein leerer Teller mit Salatresten zu sehen.

Die Bedienung stand etwas abseits, zwischen der Schenke und einem leeren Tisch, sie trocknete und polierte ihr Besteck. Drei bis vier Leute gaben unserem Gruß eine Antwort, die restlichen widmeten sich ihrer bisherigen Tätigkeit und senkten die Köpfe wieder. Sofort war es wieder still.

Man hörte nur noch, wie die Spielkarten auf den Tisch geklopft wurden, und das Geräusch von klapperndem Besteck, sowie ein rhythmisches klack, klack, klack. Die Kellnerin warf die sauberen Messer auf ein großes Tablett.

Die kurzen Blicke, die wir austauschten, sprachen Bände.
Manuela verdrehte die Augen »Ja, sind wir denn auf einer
Beerdigung.«

Erikas bekannte Teufelchen blitzten auf. »Hier gehört Stimmung rein.« Sie schaute mich fragend an. »Machst du mit?«

»Ich bin dabei. Der Einsame in der Mitte gehört uns«, gab ich
ihr fast lautlos zur Antwort. Ich deutete auf die vier freien Stühle
und frage laut und höflich und in meinem besten Hochdeutsch:
»Ist hier frei? Dürfen wir uns zu Ihnen setzen?«

Erika und ich verließen uns auf unser unwiderstehliches Blinzeln, das er unmöglich übersehen konnte. Der würde uns nicht
von seinem Tisch weisen.

Ein Blick von Erika zu mir und umgekehrt bestätigte: Er
gehörte uns bzw. Manuela, die von alledem nichts mitbekommen hatte.

Schnell nahmen wir für uns die außen stehenden Stühle. Für
Manuela blieb nur noch ein Stuhl neben ihm.

Jetzt schnell bestellen, dann konnten wir mit dem Spiel beginnen. Dass wir nicht die völlige Wahrheit erzählen würden, war
uns klar, aber dass wir lügen sollten, dass sich die Balken bogen,
hatten wir eigentlich nicht vor.

Nach kurzem Lesen der Speisekarte waren wir uns auch beim
Essen einig.

Dreimal das gleiche Gericht, der Koch, der neugierig durch
die offene Küchentür schaute, war beruhigt, als er unsere Bestellung hörte.

Sein Blick auf die Uhr und auf uns sagte uns schnell: »Wenn
ihr schon so spät kommt, dann einigt euch mit dem Essen, ich
habe keine Lust auf großes Kochen, so kurz vor Feierabend.«

In was für einem traurigen Dorf hatten wir angehalten.

Kein freundlicher Ton? Kein Lächeln? Euch würden wir's
zeigen, wie schön lachen sein kann. Es konnte losgehen.

»Wo sind wir hier eigentlich?«, fragte Erika so allgemein über
den Tisch.

»Ich weiß es nicht. Manuela, weißt du, wo wir sind? Ich glaube, ich habe mich ganz schön verfahren!« Manuela schaute uns verwundert an und wollte gerade etwas sagen, da kam ich ihr zuvor. Hinter der Hand, aber laut genug meinte ich:»Du, Manuela, frag doch mal den Herrn da neben dir, ich trau mich nicht.«

»Hey, ich bin die Schüchterne von uns dreien«, meinte sie. Erika und ich lachten und sagten laut genug, damit es die anderen auch hörten:»Du, schüchtern? Das ist ja ganz was Neues. Da haben wir aber die letzte Woche nichts davon gemerkt. Und wer setzt sich denn immer ganz nah zu den fremden Männern?« Wir deuteten auf unseren Tischherrn. Mit dem Lesen seiner Zeitung hatte er schon lange aufgehört, er blätterte nur noch pro forma.

Wir sollten wohl nicht merken, dass er lauschte.

Manuela wurde rot im Gesicht, als Erika ihren Senf dazugab und den Fremden scheinheilig fragte:»Entschuldigung, könnten Sie bitte unserer Freundin sagen, wo wir sind und wie wir am besten nach München kommen. Manuela lässt du dir die Strecke nach Hause erklären?«

»Aber Josy fährt doch!« Sie wusste wohl, dass ich diese Strecke auswendig kannte. Ich kannte fast jede Kurve und jeden Baum an der Straße.

Bis zu viermal im Monat, und das zehn Jahre lang, fuhr ich immer die Strecke, wenn ich meine Eltern besuchte. Aber was wir im Moment für ein Spielchen spielten, wusste Manuela nicht.

»Ich muss telefonieren, außerdem kannst du dir den Weg viel besser merken, du weißt doch, wie schusselig ich bin, und ich bin nachtblind, vergiss das nicht.«

Ein kurzer Blick in Richtung Erika bedeutete:»Jetzt bist du wieder dran.«

Ich stand auf und ging zum Telefon.

»Alles klar, zu Hause wissen sie Bescheid! Und … habt ihr euch gut unterhalten?«, fragte ich schelmisch, als ich wieder zurückkam.

»Sie haben zwei nette Freundinnen«, meinte der Herr an unserem Tisch. Österreicher, Wiener, der Dialekt ließ sich nicht verheimlichen. Er war ein Landsmann von Manuela. Sie ist auch aus Österreich, aber aus der Steiermark.

»Wo kommen Sie denn her? Aus Österreich? Ein schönes Land mit viel Geschichte«, sage ich so richtig hinterlistig.

»Ja, Sie haben recht, und Sie?«

»Wir haben uns verfahren, wir kommen von einer vierzehntägigen Studienreise aus der Tschechoslowakei.« Das kam jetzt von unserer schüchternen Manuela.

Sie hatte schnell geschaltet und gemerkt, was wir vorhatten. Der Mann war unser Opfer, der sollte ein bisschen veralbert werden.

»Studienreise? Studentinnen sind Sie aber nicht mehr, oder?«, meinte er.

»Nein, wir sind Lehrerinnen in einer Mädchenschule in der Nähe von München«, sagte ich nebenbei. »Deshalb haben wir auch so gut wie keinen Kontakt zur Männerwelt.«

Schön langsam wurde es rund um uns ruhig, die Kartenspieler legten die Karten auf den Tisch und sahen, oder besser hörten, uns zu. Das Pärchen von nebenan lachte hinter vorgehaltener Hand, sie alle hatten begriffen, was hier vor sich ging, nur unser armer Vertreter nicht.

Das Essen wurde gebracht und unser neuer Gesprächspartner ließ uns für kurze Zeit allein. Manuela drehte seine Zeitung um, sie lag jetzt auf dem Kopf. Ob er es merken würde?

Nein, er blättert immer noch, als wir schon halb mit dem Essen fertig waren, dabei schaute er immer wieder verstohlen zu Manuela.

Er ließ sie nicht aus den Augen. Mit jedem Pommes Frites und jedem Bissen des köstlichen Schnitzels versuchten wir ein Lachen hinunterzuschlucken. Erika und ich hatten uns schon eine ganze Weile in der Gewalt, nur Manuela kam nicht dazu das Schnitzel zu essen, solange es warm war.

„SCHÜCHTERNHEIT UND VERWIRRUNG"

Sie hatte sich schon zweimal verschluckt und tapfer, wie sie
ist, unterhielt sie sich mit der neuen Bekanntschaft über öster-
reichische Feiertage. Er hatte immer noch nicht erkannt, was
inzwischen alle Gäste hörten, auch sie ist aus Österreich, ihr
Dialekt ist unschwer zu überhören.

Ganz ernst fragte Erika den Mann an unserem Tisch: »Was
lesen Sie da? Ist die Zeitung sehr interessant? Die steht doch auf
dem Kopf, wenn ich richtig sehe.« Die Gäste im Lokal hielten
die Luft an. Was würde er sagen? Die Schweißperlen auf seiner
Stirn wurden urplötzlich mehr.

»Oh, die liegt ja verkehrt herum, das habe ich gar nicht
bemerkt.«

»Aber ich bitte Sie, das ist doch kein Beinbruch, das kommt
schon mal vor, wenn man verwirrt ist«, meinte ich lachend.

»Unsere Kollegin«, dabei deutete ich auf Manuela, »ist zwar

die Schüchternheit in Person, aber wenn ein Mann in ihre Nähe kommt, ist er sofort verwirrt. Fast wie bei der berühmten Göttin Circe.«

Wir wussten ja selber, es war nicht schön von uns, wenn wir jemand so veralberten, aber er hatte es ja gar nicht bemerkt und es tat ihm auch nicht weh.

Trotzdem hatten wir es nach einer halben Stunde geschafft. Wie auch immer. Die restlichen Gäste, es war noch 14 bis 15 Personen, unterhielten sich mit- und untereinander von Tisch zu Tisch. Das Wichtigste dabei: Sie lachten und ihr Gesichtsausdruck war um so viel freundlicher geworden.

Es wurden Anekdoten und Witze zum Besten gegeben.

Aber als man Erikas tschechischen Dialekt mit dem eines Rheinländers verwechselte, kamen mir Zweifel an der Menschenkenntnis der Dorfbewohner und uns war jetzt klar, dass die jedes Wort von dem, was wir ihnen vorflunkerten, geglaubt hatten.

Als wir eine Stunde später unsere Rechnung verlangten, wollten uns die jetzt gesprächigen Gäste noch zu einem kleinen Umtrunk einladen.

Auch die Wirtin meinte:»Ach, bleiben Sie doch noch ein bisschen.«

Leider hatten wir keine Zeit mehr.

In ein paar Stunden wäre die Nacht um und wir hatten noch über hundert Kilometer zu fahren.

Unser Kurzurlaub war zu Ende.

Kapitel 3

Hallo Venedig

»Habt ihr eigentlich schon einmal Venedig zur Karnevalszeit erlebt? Soll ich euch mal ein paar Bilder zeigen, die ich vor ein paar Jahren gemacht habe, als ich mit meinen Kindern dort war?«

So oder so ähnlich fragte ich Manuela und Erika, als wir wieder einmal zusammensaßen.

Es muss am 2. Januar 2000 gewesen sein.

Erika hatte die Weihnachtstage bis Sylvester in Prag verbracht, ohne uns. Manuela war in der Steiermark in Österreich bei ihren Verwandten gewesen und ich hatte für uns an diesem Tag, dem 2. Januar, einen Brunch mit Sekt und allem Drum und Dran organisiert. Wir wollten das neue Jahrtausend gebührend begrüßen.

Da wir alle noch Resturlaub vom Vorjahr hatten, kam meine Idee mit Italien bei meinen Freundinnen gut an.

Manuela und ich waren uns sofort einig und nach kurzem Überlegen war auch Erika mit von der Partie.

Ihre Tochter hatte ihr gut zugeredet: »So einen Ausflug nach Venedig im Fasching vergisst du bestimmt nie!« meinte sie. Sie sollte recht behalten.

Da Erika so kurzfristig keinen Urlaub bekam, einigten wir uns auf ein Wochenende und wollten am Freitag losfahren und bis Sonntag bleiben.

»So haben wir drei Tage und können trotzdem zu dritt fahren. Ich schau im Internet nach, dort kann ich gleich mal nachschauen, wie wir am günstigsten nach Venedig kommen«, sagte Manuela.

»Ich habe noch einen Stadtplan von Venedig, da sind auf der Rückseite Hotels, Gaststätten und Pensionen mit ihren Telefonnummern angegeben und die Sterne sind auch gleich dabei«, meinte ich.

Einige Tage später trafen wir uns wieder - mit den Ergebnissen unserer Detektivarbeit.

»Also, ich habe alles verglichen. Am günstigsten ist es immer noch, wenn wir mit dem Auto fahren. Mit dem Zug brauchen wir fast 13 Stunden, für 451 Kilometer. Überall umsteigen, warten, umsteigen. Wir verlieren einen ganzen Tag nur für An- und Abfahrt. Der Bus wäre auch bequem, aber den gibt es nur in Verbindung mit Zimmer und da sind wir immer darauf angewiesen mitzufahren, sollte das Hotel außerhalb von Venedig sein. Ich habe mal drei verschiedene Fahr- bzw. Straßenkarten ausgedruckt, mit Fahrzeit, Kilometer, Benzinverbrauch und Mautgebühren«, sagte Manuela.

»Auch ich war nicht ganz faul«, gab ich zur Antwort. »Ich habe sämtliche Pensionen im Umkreis von San Marco angerufen. Zwei Pensionen kosten Irrsinnspreise, fünf öffnen erst ab Mai, das sind Saisonhäuser, aber eine habe ich gefunden. Die Pension ›Villa delle Palme‹. Ein Dreibettzimmer wäre für die Zeit noch frei. Übernachtung mit Frühstück für Venedigpreise sehr günstig, ich muss aber spätestens morgen reservieren.«

»Mmh, mmh«, war Erikas Kommentar.

Wir hatten uns schnell geeinigt. Wir würden mit dem Auto nach Italien fahren.

Das Zimmer in der Villa delle Palme wurde angemietet.

»Sagst du Erika Bescheid? Morgen Mittag, pünktlich nach der Arbeit hole ich euch ab. Du machst Wurstbrote für die Fahrt? Das ist eine gute Idee. Kaffee können wir uns unterwegs kaufen, der schmeckt sowieso frisch besser. Dann bis morgen.« Ich legte den Telefonhörer auf die Gabel und ging ins Bett.

Um vier Uhr früh musste ich aufstehen und zum Frühdienst. Dann ging es anschließend gleich weiter nach Italien. Das Auto war reisefertig. Die beiden Mädels waren mitsamt ihren Koffern eingepackt. Über verschiedene Landstraßen fuhren wir nach Kiefersfelden und dann auf die Autobahn.

»Was ist mit deinem Autoradio? Das will wohl nicht so, wie wir wollen?«, fragte mich Manuela.

»Du weißt doch, dass man mir die Antenne abgebrochen hat. Wir müssen umsteigen auf Kassetten oder wir singen selber«, sagte ich.

»Und wo hast du deine Kassetten?«, fragte Manuela.

Erika lachte mir im Rückspiel zu. Sie sah das locker.

»In der Konsole unterm Radio. Im Handschuhfach müssten auch noch ein paar sein«, antwortete ich.

»Kannst du vergessen. Abgehakt! Nein danke! Was soll das denn sein? Bitte nicht! Rolf und seine Freunde? Sag mal, weißt du, wie alt diese Lieder sind?«, wollte Manuela wissen, die zehn Jahre jünger ist als wir.

»Ja, sicher, als wir zu der Musik getanzt haben, da bist du noch zur Schule gegangen.«

»Das glaube ich dir, meine liebe Josy.« Manuela verdrehte die Augen.

»Außerdem haben meine Kinder immer gern dazu gesungen«, fügte ich noch hinzu.

»Damals waren deine Kinder vielleicht vier, fünf Jahre alt. Aber ist dir bewusst, dass deine jüngste Tochter mittlerweile seit einem halben Jahr verheiratet ist? Na ja, so zwei oder drei von deinen Kassetten sind gerade noch annehmbar.«

Erika und ich (wir sind beide gleich alt bzw. gleich jung) waren in unserem Element. Nicht schön, aber sehr laut sangen wir zum Beispiel: »Rote Lippen soll man küssen«, »Der Mann im Mond«, »Spuren im Sand«, »Aber bitte mit Sahne«. So kamen wir musikalisch gut über die Runden.

Und Manuela lernte gleich nebenbei die Texte, die Erika und mich in andere Zeiten und andere Welten versetzten.

Am Brenner gab es den ersten Stau an einer Baustelle. Aber wir lagen gut in der Zeit, deshalb nahmen wir es gelassen, wir waren ja erst seit zwei Stunden unterwegs.

»Jetzt seht euch mal den Wahnsinnigen hinter uns an. Seit zehn Minuten beobachte ich ihn schon im Rückspiegel!«, sagte ich ziemlich zornig. Meter für Meter zwängte er sich an den anderen Autos vorbei, drängelte sie aus der Spur und mogelte sich durch die zwei verbliebenen Fahrbahnen. Nur durch eine Vollbremsung konnte ich einen Auffahrunfall vermeiden. Völlig riskant zwängte sich dieser rücksichtslose Fahrer zwischen meinen Vordermann und mich. Dann blieb er stehen, stieg aus, ging zum Kofferraum, legte sein Jackett hinein und stieg mit dem Handy am Ohr wieder ein.

Ich war total genervt und musste meinem Ärger Luft machen: »Da heißt es, laut Statistik sind Volvo-Fahrer ältere, intelligente Herrn. Von wegen, der da vorne glaubt auch, er ist der Beste und der Schönste. Wegen solchen Machos sind Unfälle ja schon an der Tagesordnung.« Die nächsten Kilometer schimpfte ich nur vor mich hin. Meine beiden Beifahrerinnen waren ganz still geworden.

Bis Sterzing hatte ich mich wieder beruhigt. Der Stau auf der Autobahn hatte sich aufgelöst und so konnten wir zügig bis Trient weiterfahren. An einer Raststätte machten wir eine kurze Kaffeepause, die ich nutzte, um unseren Vermieter in Venedig anzurufen und Bescheid zu geben, wann wir ankommen würden.

Richtung Venedig, etwa 20 Kilometer vor Verona, überkam uns die Romantik pur. Romeo und Julia – wir sahen in Gedanken die berühmte Balkonszene vor uns.

»Stellt ihr euch auch gerade die Liebesszene auf dem Balkon mit euren Exehemännern vor? Weil es gar so still ist hier im Auto?« So unsensibel riss uns Manuela aus unseren Träumen. Ich gab Gas und ließ Verona rechts neben uns liegen, über Padua kamen wir in *Venedig – Mestre* an.

Dort fragte ich nach unserer Pension und erfuhr, ich war wieder einmal falsch. Die Villa delle Palme steht auf Lido.

Lido ist eine Insel vor San Marco. Ich musste also zurück zum Hafen, zur Autofähre. Da es nur zehn Kilometer Umweg waren, gab es auch keinen nennenswerten Kommentar dazu.

Wir mussten nur zwei Stunden warten bis zur nächsten Überfahrt, da die Fähre genau fünf Minuten zuvor abgelegt hatte. Die Wartezeit verging sehr schnell. An einem Informationsstand ließ ich mir genau erklären, wie wir in Lido fahren mussten, um auf dem kürzesten Weg zu unserer Pension zu gelangen.

Leider sprach die Dame nur Italienisch. Da ich aber diese Sprache nicht perfekt beherrsche, gab sie mir vorsichtshalber einen Plan von Lido mit und zeichnete mit Kreuzchen den Hafen und die Straße an, in der unsere Unterkunft war.

Wir fuhren als drittes Auto auf die Fähre.

»Schaut euch mal den Himmel an. Die Sterne. Das muss ja morgen ein Kaiserwetter geben«, sagte Erika.

»Und die Autos hier auf dem Schiff. So viel wie die beim Tanken zahlen, hat unser Auto gekostet«, meinte Manuela und hatte dabei nur leicht übertrieben.

»Okay, meinen Escort kann man zwar nicht vergleichen mit diesen Wägen hier. Aber er läuft und das nicht schlecht. Wenn man bedenkt, wo er uns schon überall hingebracht hat«, gab ich zurück.

»Schaut mal diese Riesenschiffe.«

»Seht ihr dort hinten das Segelschiff?«

»Das muss mindestens 20 Meter lang sein.«

»Die Lichter dort hinten links, das müsste die Muranoglas-insel sein.«

»Weiß einer von euch, was das große weiße Gebäude ist? Das so hell beleuchtet ist?«

Wir sprachen alle durcheinander. Wer eine Antwort oder eine Vermutung hatte, sagte es den anderen. Das laute Pfeifen der Fähre deutete uns die baldige Ankunft an. Die 50 Minuten Fahr-zeit waren wie im Fluge vergangen.

»Manuela, schaust du bitte mit auf dem Straßenplan, ob ich auch richtig fahre?«, bat ich.

»Zwei, drei«, Manuela zählte die Seitenstraßen.

»Bei der übernächsten Seitenstraße müssen wir links abbie-gen. Halt, jetzt bist du vorbei. Drehst du da vorne um?«

»Nein. Die zehn Meter fahre ich rückwärts. Hausnummer 7, 9, 11 das nächste Haus müsste es sein«, sagte ich.

»Ja, ich kann es schon lesen ›Villa delle Palme‹ steht über dem Gartenzaun«, meldete sich Erika von hinten.

Einparken, Gang einlegen, Motor abstellen.

»Hurra wir sind da. Und wir haben uns nicht ein einziges Mal verfahren«, sagten wir alle drei zur selben Zeit.

Als wir mit den Koffern in der Hand die fünf Stufen zur Eingangstür stiegen, interessierte mich nur eins: »Ob es hier eine kleine Hausbar gibt? Ich will nur noch etwas trinken, und dann ab ins Bett. Ich bin seit 20 Stunden auf den Beinen.«

»Na, ich weiß nicht. Schaut mir nicht danach aus«, sagte Manuela.

»Egal, es wird schon noch was geben, die Insel ist groß«, kam es sehr optimistisch von Erika.

Wir öffnen die Eingangstür. Ein Windhauch bauschte den Vorhang des großen Fensters vor uns auf.

»Ich habe schon auf Sie gewartet!«, hörten wir aus einer Ecke links von uns.

Alle drei zuckten wir zusammen und es stellte uns vor Schreck die Haare zu Berge. Mit einem Akzent, der italienisch oder auch englisch sein konnte, wurden wir herzlich willkommen geheißen. Wir merkten sofort, dieses Haus, das Mobiliar, der Besitzer, die Zeit war stehen geblieben. Wir hatten das Gefühl, als würden wir uns nicht im Jahre 2000 befinden. Nein, es musste ein Jahr zwischen 1890 und 1920 sein. So wie man es auch in alten Kinofilmen sieht.

Zimmer Nr. 3 stand auf dem Schlüssel.

»Der kleine Schlüssel daneben ist für das Gartentor. Die Haustür ist rund um die Uhr geöffnet. Bitte vergessen Sie nie, das Gartentor zu schließen.« Der Wirt schaute uns freundlich, aber ernst in die Augen.

»Entschuldigung, gibt es bei Ihnen eine kleine Hausbar?«, fragte ich ganz kleinlaut.

»Nein!«

»Kann man vielleicht etwas Trinkbares mit auf das Zimmer nehmen oder so?«

»Ja, Wasser«, meinte er dann.

»Wir dachten an Wein oder Bier«, sagte ich schüchtern, was ich eigentlich selbst nicht verstand. Normalerweise bin ich ein selbstbewusster Mensch und zeige wenig Angst vor anderen.

»Alkohol, meinen Sie?«, seine Augen wurden immer größer.

»Nein, Alkohol gibt es nicht in meinem Haus.«

Pures Entsetzen zeigte sich auf seinem Gesicht.

Etwas freundlicher erklärte er uns dann doch noch, wo wir um diese Zeit etwas trinken konnten.

Etwa zehn Minuten mussten wir gehen, bis wir ein kleines italienisches Weinlokal fanden, das unseren Vorstellungen entsprach.

Ich bestellte mir ein »*birra nationale*« für den Durst.

Manuela liebäugelte mit einem *vino rosso della casa* und Erika entschied sich für ein *vino bianco dolce*.

Wir fühlten uns wohl.

Erika und Manuela sahen sich den Prospekt unserer Pension an. Eine der beiden hat ihn mitgenommen (er lag an der Rezeption aus), während ich einen neuen Film in meinem Fotoapparat einlegte.

Der Inhalt des Prospektes, die Wirklichkeit und das Aussehen unseres Wirtes wurden aufs kleinste Detail verglichen, was natürlich wieder Heiterkeitsausbrüche mit sich brachte.

Sperrstunde hieß das magische Wort, mit dem uns der Kellner die Rechnung auf den Tisch legte. Mit einer Flasche Rotwein, die uns der freundliche Ober noch öffnete, machten wir uns auf den Heimweg. Manuela brachte uns Italienisch sprechend nach Hause

»Also wir müssen de Strada de Auto de Nase delang, de due (dabei hob sie zwei Finger ihrer rechten Hand hoch), de curva, de rechts vorbei an Auto de prominenta della Rosso (ein roter Rollce Royce) dann sehen wir da die Tonna de Müll della Casa (dabei meinte sie das Haus mit der Mülltonne davor).«

Es gab viele Häuser mit Mülltonnen davor. Bei dieser direkten Wegweisung konnten wir uns gar nicht verlaufen.

Auf Zehenspitzen gingen wir die pompöse Wendeltreppe nach oben in unser Zimmer. Die Mitbewohner des Hauses müssen einen guten Schlaf gehabt haben, zumindest hat sich am nächsten Tag niemand über unser Gekicher beschwert.

Bei ihrem Nestbau hatte Erika im Bett einen Ohrwurm entdeckt und nicht die geringste Lust, mit ihm das Nachtlager zu teilen. Erst hat sie das arme Tierchen rausgeworfen, es landete auf dem Boden. Urplötzlich war ihr klar, der käme zurück. Er würde seine Rechte als Erstmieter beanspruchen wollen. Und zwar in der Nacht, wenn sie tief und fest schliefe und sich nicht wehren könnte. Das kam nicht in Frage.

Sie schaute sich um und entdeckte Manuelas Schuhe. Manuela protestierte zwar heftig, aber es war schon zu spät. Erika schnappte sich einen. Mit einem Schrei, ich denke, es war »Halali« oder so ähnlich, warf sie sich zu Boden.

Die Jagdsaison war eröffnet.

Allerdings dauerte sie nur 15 Sekunden.

»Ich hab ihn erwischt!«, meldete sie sich ganz stolz und winkte uns mit dem Schuh.

»Du Mörderin«, gab ich zur Antwort.

»Na toll, und ich hab jetzt die Käferleiche unterm Schuh«, meinte Manuela und nahm einen kräftigen Schluck Rotwein zu sich.

»Sei nicht so zimperlich«, antwortete Erika, und da sie schon mal unten auf dem Boden saß, schaute sie gleich mal, wie es unter den Betten aussah.

Bei dieser Augenexkursion entdeckte sie ein seltsames Ding unter dem Waschbecken. Sofort war sie auf den Beinen.

Manuela und ich lagen schon gemütlich im Bett. In einer Hand ein Glas Rotwein in der anderen die Reste unserer Brotzeit, die von der Fahrt übriggeblieben war. Wir schauten Erika mit großen Augen an.

»Hast du noch einen Käfer entdeckt? Kommt die Verwandtschaft zur Beerdigung ?«, fragte ich.

»Lass aber bloß meine Schuhe in Ruhe«, rief Manuela.

Erika schaute uns fragend an und zeigte mit dem Finger Richtung Waschbecken.

»Was ist das?«

»Das ist ein Waschbecken! Gewöhnlich wäscht man sich dort die Hände oder putzt sich die Zähne!«, antwortete Manuela.

»Oder auch andere Körperteile«, fügte ich lachend hinzu.

»Nein, ich meine das da!«, sagte Erika und mit einem Sprung war sie auch schon in der Ecke und zog das Ding raus. Wir richteten uns im Bett auf und sahen uns den Schatz an.

»Na, das ist doch ... Tja was ist das wohl?«, fragte auch ich und schmunzelte. Manuela sah uns beide entsetzt an.

»Meine Damen, das ist ein Bidet«, sagte sie, als ob sie mit dem Ding auf du und du wäre.

»Das soll ein Bidet sein? Auf Rollen!« Ungläubig schauten wir Manuela an.

»Na ja, ein bisschen aus der Mode, ich tippe mal auf Jugendstil, wie alles in diesem Haus, den Hausherrn eingeschlossen.« Erika und ich lachten herzlich über die Vorstellung, dass das Bidet und der Hausherr gleich alt seien. Ich beruhigte mich als Erste mit dem Gedanken an unsere Zimmernachbarn und die Uhrzeit und sagte ernst: »Silentium!«

Genauso gut hätte ich Öl ins Feuer gießen können. Jetzt fingen die beiden erst richtig an zu lachen. »Silentium!«, sagte ich noch einmal. Es half nichts, auch ich fing an zu lachen, als ich die beiden nur ansah. Erika war fix und fertig, sie ließ sich ins Bett fallen, biss in die Decke und lachte, bis ihr die Tränen kamen. Manuela kämpfte ebenfalls mit den Tränen und dem Glas Wein in ihrer Hand. Sie balancierte den Wein so hin und her, um ja nichts zu verschütten.

Und da sollte man selber ruhig bleiben.

Ich versuchte noch mal, die beiden mit einem ernsten »Silentium« zur Vernunft zu bringen, aber ohne Erfolg. Erika hatte ihren Kopf unter das Kissen gesteckt, bevor sie noch mal so richtig losprustete. Manuela war es irgendwie gelungen, ihr Glas, ohne etwas zu verschütten, auf das Nachttischchen zu stellen, ehe sie ihr Gesicht in die Bettdecke drückte.

Morgens um halb acht waren wir schon wieder auf den Beinen. Um möglichst wenig Zeit zu vertrödeln, machten wir uns auf dem Weg in den Frühstücksraum.

Wir bemerkten erst jetzt die einmal da gewesene Schönheit des Hauses.

»Buongiorno!«, begrüßte uns der Hausbesitzer mit einer Handbewegung, die an einen englischen Aristokraten erinnerte, und zeigte auf einen kleinen Tisch, der für drei Personen gedeckt war.

Es gab Butter, Marmelade und Kaffee, den uns ein Dienstmädchen servierte.

»Schaut mal, die kommt mit unserem Frühstück aus dem Keller! Wie vor hundert Jahren. Da war die Küche auch im

Keller. Weit weg von den Herrschaften, aber sofort zur Stelle, um alle Wünsche zu erfüllen«, sagte ich.

»Ja, du Geschichtsprofessor, schau dir doch mal unserem Wirt genau an«, dabei warf Manuela ein unwiderstehliches Lächeln in Richtung Rezeption.

»Der ist auch aus der Zeit. Nur seine Kleidung ist etwas moderner. Olivgrüne Breitcordhose, kleinkariertes Hemd, rotbrauner Pullover und Hausschlappen an den Füßen, die viel zu groß sind.« Durch Manuelas Lächeln ermuntert, schlurfte er mit einer unnachahmlichen Ruhe an unseren Tisch und ließ dabei Manuela nicht aus den Augen.

»Signore, ist alles in Ordnung?«, fragte er. »Wollen Sie gleich nach dem Frühstück auf San Marco? Ich würde eine Tageskarte für unser Vaporetto empfehlen, sie fahren alle 15 Minuten.«

Mit einem Augenaufblitzen für Manuela und einem herablassenden Blick auf Erika und mich, schlurfte er an die Eingangstür und betrachtete gedankenverloren die Straße und den Vorgarten.

»Aber die Brötchen sind auch aus der gleichen Zeit«, bemerkte Erika kleinlaut als sie mit dem Messer die styroporähnlichen Semmeln durchschnitt.

Es war stark bewölkt. Aber Gott sei Dank hatte es aufgehört zu regnen, als wir zur Haltestelle des Vaporettos gingen.

Als wir uns die empfohlene Tageskarte kauften, mussten wir nicht mehr lange warten, bis wir einsteigen und abfahren konnten. Menschenmengen drängten sich auf das Boot. Wir blieben an der Reling stehen. Der Wind pfiff uns um die Ohren. Rund um uns ein Stimmengewirr in allen möglichen Sprachen. Schnell wurden noch ein paar Erinnerungsfotos gemacht. Wir drei auf dem Schiff, San Marco vor uns liegend, das Meer aufgepeitscht vom Wind und den anderen Schiffen, die uns entgegenfuhren mit winkenden Menschen in ihren sagenhaften Kostümen und Masken an Bord.

Als wir ankamen, war es noch verhältnismäßig ruhig auf dem Markusplatz. Die Wolken verschwanden und schon eine Stunde später lachte die Sonne vom Himmel.

Verkaufsbuden mit allen möglichen Waren wurden aufgebaut. Junge Leute stellten Campingtische und Stühle auf und breiteten Schminke, Pinsel und Spiegel darauf aus.

Für umgerechnet 20 bis 30 Mark konnte man sich von ihnen die schönsten Kunstwerke ins Gesicht malen lassen.

Wir kauften uns jede einen der Hexenhüte, die überall angeboten wurden, und trugen sie mit viel Stolz auf dem Kopf.

Was uns auf der kleinen Insel an Sehenswürdigkeiten geboten wurde, war überwältigend. Da war ein arabisches Herrscherpaar in blauer mit Gold bestickter Samtkleidung, die Umhänge aus Goldlamé, der Turban aus blaugrüner Seide und mit Pfauenfedern reichlich geschmückt. Gleich daneben Mozart, mit Perücke, Dreispitzhut, Kniebundhose und edlem Brokatmantel über den Schultern und einer eleganten Dame am Arm. Selbstverständlich jeder mit der entsprechenden Maske vor dem Gesicht.

Neben dem Dom winkte eine ältere Dame hoheitsvoll, die sich als Casanova verkleidet hatte.

Ein Ritter mit seinem Knappen, das Schwert in der Hand.

Von Tauben umringt stellte sich ein Paar, das sich nach näherem Hinschauen als die Schöne und das Biest herausstellte, in Positur.

Freundlich lächelnd oder hoheitsvoll nickend, durften wir die Maskierten fotografieren. Wir wussten nicht mehr, wo wir zuerst hinschauen sollten.

»Schnell, dreht euch um, die Kleinen«, machte uns Erika aufmerksam.

Kleine Kinder als Sonnenblumen verkleidet marschierten hinter uns vorbei.

In einer kleinen Gasse links von uns stellte sich eine Gruppe zum Umzug auf.

Die vier Jahreszeiten. Völlig in blaue Seide gehüllt mit Blumengirlanden, Spitzhut und Schleier, der an ein mittelalterliches Burgfräulein erinnerte, einen Stock in der Hand, der aus bunten Blumen bestand, schritt der Frühling voran, gefolgt vom Sommer.

Eine Perücke aus mindestens zweihundert Sonnenblumen, sonnengelber Mantel, weiße Handschuhe und goldene Maske vollendeten sein Kostüm.

Marabufedern, in allen Brauntönen, die die Natur zaubert, auf dem Kopf, eine weinende Silbermaske und ein Laubkleid aus feiner Seide ließen uns an den Herbst denken.

Der Winter war weiß und vornehm.

Seide, Watte, Tüll, Samt alles kunstvoll ineinander verarbeitet, mit einem Stab, der mit filigranen Eisblumen geschmückt war, rundeten das Bild ab.

Ihnen folgte ein einheimischer Musikverein.

Sonne, Mond und Sterne gefolgt von den 12 Sternzeichen.

Eine chinesische Gruppe war sich noch nicht einig, wer sie anführte.

Vier Baldachinträger in prunkvoller Kleidung, ein Mandarin in rot-goldenem Kostüm, schwarz-silberne Samurais. Türkis, schwarz, gold, violett, grün.

Farben, Kostüme, Hüte, so weit das Auge reicht.

»Ich will nicht mehr«, meldete ich mich zwischen den Menschenmassen, »wir sollten uns ein Straßencafé suchen, ich brauche dringend einen Stuhl, einen Tisch und einen Cappuccino, ich muss das Gesehene erst einmal verarbeiten.«

Wir waren uns wieder einmal sofort einig.

Der nächste freie Tisch an der Straße würde unserer sein. Vom Inneren eines Lokals aus sah man ja nichts.

Neben einer Anlegestelle der Gondoliere, direkt an der Rialtobrücke, hatten wir Glück und fanden einen freien Platz. Wir bestellten uns Cappuccino bzw. Campari Orange, bestückten unsere Kameras mit neuen Filmen und gönnten unseren Füßen eine Verschnaufpause.

Man kann es sich in den kühnsten Träumen nicht vorstellen: zwölf Uhr mittags an der Rialtobrücke.

Man konnte keinen Schritt selbstständig gehen. Man wurde einfach geschoben, Meter für Meter. Wenn man sich mal klarmacht, San Marco wurde auf hölzernen Säulen erbaut. Die Rialtobrücke, die größte Brücke Venedigs, wird von ca. 12.000 Pfählen getragen. Welch einem Gewicht, nämlich dem von zigtausend Menschen, müssen die Holzpfähle standhalten!

Nachdem wir den Canale Grande mit der vierhundert Jahre alten Brücke überquert hatten, den Markus-Platz mit seinen berühmten Tauben, die unter der gleichnamigen Kirche saßen, den Dogenplatz, die Seufzer-Brücke und unzählige kleine Gassen, die an Haustüren endeten, besichtigt hatten, ergatterten wir uns einen Sonnenplatz in einem Restaurant auf der fünfhundert Meter langen Uferpromenade »Riva degli Schiavoni«. Es war Zeit zum Mittagessen.

Durch die vielen Menschen in Masken und Kostümen ermuntert, beschlossen wir, uns nach dem Essen auch jede eine Maske mit allem Drum und Dran zu leisten. Wir bereuten es nicht. Auch wenn sie schließlich etwas mehr kosteten, als wir eigentlich ausgeben wollten. So verkleidet mit hüftlanger Perücke, schwarzem Umhang, silberner Gesichtsmaske, die keine Miene verriet, und einem schwarzen, mit Sternchen bestickten Hut, den wir uns schon bei der Ankunft am Morgen gekauft hatten, schritten wir, den Einheimischen angepasst, umher. Wir fühlten uns so viel wohler und mehr dazugehörig als vorher in unserer normalen Kleidung.

Als die Menschenmassen immer weiter zunahmen und Erika einen kleinen Hund mit ihrer Maske fast zu Tode erschreckt hatte, beschlossen wir, auf Lido zurückzukehren. Wir waren müde, unsere Füße brannten wie Feuer. Wir waren in den letzten Stunden bestimmt 20 Kilometer gelaufen.

Auf Lido gingen wir in eine Pizzeria, die an unserem Heimweg lag. Beim Essen merkten wir erst, wie hungrig wir waren. Den ganzen Tag marschieren, die frische Luft, das Wasser, das machte Appetit.

»Sag mal, habe ich dir was getan? Du schaust mich gar nicht an, wenn ich mit dir rede«, fragte mich Manuela.

»Nein, nein, aber ich kann jetzt nicht. Ich flirte doch schon seit fünf Minuten mit einem der drei Männer, die da hinten sitzen«, gab ich ihr zur Antwort.

»Oh Gott, der arme Kerl! Mach ihn doch nicht so verlegen. Der ist ja schon ganz rot im Gesicht«, meinte Erika, als sie sich kurz umdrehte und den Mann im besten Alter ins Visier nahm. Ihr Blick war schnell wie der eines Falken und genau wie der eines Adlers, binnen Sekunden hatte sie ihn als wohlhabenden, italienischen Geschäftsmann eingeschätzt.

»Was fuchtelst du jetzt rum?«, wollten beide von mir wissen.

»Ich zeige ihm die Richtung am Boden, wo sein Messer liegt«, meint ich kurz, »das ist ihm schon zum zweiten Mal runtergefallen. Das ist richtig süß, wie der nervös wird«, klärte ich die beiden auf.

»Wie sieht er denn aus?«, wollte Manuela wissen. »Ich will mich nicht umdrehen, das fällt ja auf.«

»So genau kann ich das auch nicht sagen. Er ist groß, hat schwarze Haare, graue Schläfen, ist wahrscheinlich schüchtern, weil immer wenn ich zu dem Tisch lächle, wird er rot und schaut zu Boden. Außerdem wisst ihr genau, dass ich ohne Brille nicht so weit sehe«, klärte ich die beiden auf, die mit dem Rücken zu den drei Herren saßen.

»Oh, jetzt darf ich nicht mehr rüberschauen. Gerade hat er sich die Krawatte mit Suppe bekleckert«, sagte ich mitleidig und mit zehn kleinen Hexen in den Augen, wie mir meine Freundinnen bestätigen wollten.

»Na, mit Brille wäre das nicht passiert«, lachten Erika und Manuela hinterlistig, als der Signore tapfer mit Schamesröte im Gesicht und einem Augenzwinkern an unseren Tisch vorbei Richtung Toilette ging.

»Jetzt seid doch nicht so gemein, wir flirten doch nur ein bisschen. Und schöne Haare hat er allemal«, gab ich zur Antwort.

Ein kleiner Abendspaziergang rundete diesen wunderbaren Tag ab.

Todmüde fielen wir im Hotel ins Bett.

»Hallo ihr zwei! Aufstehen! Guten Morgen, die Sonne scheint!« Mit diesen liebevollen Worten weckte uns Manuela. Sie ist unsere Frühaufsteherin.

»Ich will nicht nach Hause«, meinte Erika verschlafen. Ich war ihrer Meinung.

»Muss das sein? Ich habe gerade so schön geträumt. Wie spät ist es eigentlich?«

Wie zwei kleine trotzige Kinder zogen Erika und ich uns die Decke vors Gesicht, während Manuela schon fertig angezogen am Fenster stand.

Ich ging ins Bad, kam aber gleich wieder zurück.

»Ist besetzt?«, fragte mich Manuela.

»Nein, ich brauche den Fotoapparat. Das Bad, die Wendeltreppe, die nostalgische Badewanne, davon brauche ich unbedingt noch Bilder. Das glaubt uns zu Hause sonst kein Mensch, dass es so was in unserer Zeit überhaupt noch gibt«, sagte ich.

»Vergiss bitte nicht das Bidet. Wenn schon, denn schon«, meinte Erika.

Auch heute wurden wir von unserem Hauswirt mit einem sonoren »Buongiorno« begrüßt und an unseren Tisch geleitet. Wie gestern, kam auch heute wieder das Küchenmädchen aus dem Keller. Ein großes Tablett mit Brötchen und frischem, duftenden Kaffee in den Händen.

Ich schloss für einem Moment die Augen und fing an zu träumen.

In unserem gepflegten Vorgarten spielten kleine Mädchen in weiten Kleidchen Federball. Ein kleiner Junge im Matrosenanzug lief mit einem Schmetterlingsnetz durch den Garten. Das Mädchen, das uns das Frühstück servierte, hatte ein schwarzes

Kleid an. Die weiße Schürze darüber und das Häubchen auf dem Kopf waren frisch gestärkt. Unser Frühstückstraum wurde von Sonnenstrahlen durchflutet.

Und die Seidentapeten an den Wänden glänzten golden, drei Damen in weiten Röcken und mit Sonnenschirmen in der Hand schritten die Stufen der Wendeltreppe hinunter.

»Hey Josy, schläfst du noch oder träumst du?« Das war Manuela, die mich wieder mal aus meinen Gedanken riss. Ich sah mich um. Die Sonne schien zwar noch, aber die Tapeten waren alt und zum Teil geflickt. Das Zimmer- bzw. Küchenmädchen trug Jeans, T-Shirt und Mokassins. Die Kinder im Garten waren ein paar Jugendliche mit Zigarette im Mund.

Und auf der Treppe standen unsere Zimmernachbarn mit der Reisetasche in einer Hand und einer Fünf-Liter-Rotweinflasche in der anderen, was wiederum unseren Vermieter völlig aus der Fassung brachte. »Shocking« stand in seinem Gesicht geschrie-

ben. Alkohol in seinem Haus! Wie weit war die Welt gekommen? Insbesondere deren Bewohner!

Wir zwinkerten uns gegenseitig zu und kommentierten die Reaktion des Hausherrn mit einem verschmitzten Lächeln.

Nach dem Frühstück, zu dem wir heute ein süßes Hörnchen bekamen (es war Sonntag), stiegen wir nochmals hinauf ins Zimmer, packten unsere Koffer und gingen mit einem lachenden und einem weinenden Auge zur Rezeption. Als ich die Zimmerrechnung begleichen wollte, gab es ein kleines Problem.

Unser Hausherr wollte keine D-Mark, auch keine österreichischen Schillinge. Nein, er wollte nur italienische Lira. Davon hatten wir aber zu wenig. Es fehlten uns 80.000 Lire.

Zum Glück hatte Erika ihre Bankkarte dabei. Wir stellten unser Gepäck in der Eingangshalle der Pension ab und machten uns auf die Suche nach einer Wechselstube, die unser Geld in Lire umtauscht. Oder eine Bank, die Erikas Karte akzeptierte.

»Josy, jetzt fragt doch mal die Frau da vorne, wo die nächste Bank ist. Du kannst doch Italienisch«, forderte mich Manuela auf. Wir liefen schon eine halbe Stunde im Kreis.

»Die Wechselstuben haben noch geschlossen und es ist keine Bank in Sicht«, redete Erika mit sich selber.

»A l'ora, ich weiß jetzt, wo wir hin müssen. Meine Damen, bitte folgen Sie mir unauffällig«, mit diesen Worten kam ich zu Manuela und Erika zurück. »Wir können gleich wieder umdrehen. Das Postamt mit der Wechselstube hat heute auch geschlossen. Wenn ich die Frau richtig verstanden habe, ist neben der Pizzeria, in der wir gestern waren, die Sparkasse International mit einem Bankomaten.«

»Bitte, bitte lieber Automat. Gibt mir Lire und spuck meine Karte wieder aus ...«, Erika flehte den Bankomaten regelrecht an. Das Glück war ihr hold. Karte und Geld kamen aus dem Automaten.

Wir konnten zur Pension zurückgehen und unsere Zimmerrechnung in der Landeswährung bezahlen. Nach einem Abschiedsfoto mit uns drei Grazien vor der Villa und mit unserer »La Tonna de Müll« fuhren wir Richtung Hafen und warteten auf die nächste Fähre, die uns zum Festland bringen sollte. Wir sprachen nicht viel. Jeder von uns hing seinen Gedanken nach. Erika saß mit geschlossenen Augen in der Sonne, während Manuela und ich an der Reling standen. So gegen 13 Uhr checkten wir unser Fahrzeug aus und fuhren in die City, um zu tanken. Dann ging es zurück auf die Autobahn Richtung Heimat.

In der Nähe von Padua machten wir eine Mittagspause, in einer der bekannten italienischen Autobahn Raststätten, die ich immer gerne besuche, wenn ich in *bella Italia* bin.

Mit *penne arrabiata pikanta* und *insalata verde* verabschiedete ich mich in Gedanken von diesem gastfreundlichen Land. Als wir durch Südtirol fuhren, brachten uns die Burgruinen und Schlösser an den Berghängen wieder zum träumen. Wir sahen uns schon in Gedanken als drei alte Damen vor unserer kleinen Burg am Südhang sitzen und malten uns folgenden Wunschtraum aus:

Die Ruine, die wir vor Jahren gekauft hatten, war renoviert und wurde als Pension genutzt. Wir wollten nicht mehr als vier bis fünf Doppelzimmer, zwei oder drei Einzelzimmer und zwei Drei-Bettzimmer. Sie hatten die typische südländische Einrichtung. Einen großen eigenen Weinkeller mit selbst angebautem Rotwein hatte Manuela unter sich. Der Name »Vino de rosso de Casa de Hango de Sole de Süden« wurde schon konkret in ihrem Sprachschatz.

Ein romantischer Rosengarten, wilde Efeuranken wuchsen an der Hausmauer, ein Brunnen im Innenhof ...

Ich sah Manuela mit einem jungen Küchenmädchen an ihrer Seite vor mir. Sie standen in der Küche, eine gestärkte Küchenschürze umgebunden, ein weißes Spitzenhäubchen auf dem Haar an dem gemauerten Holzofen, in dem das Feuer prasselte. Mit einem Kochlöffel in der Hand stand sie über den großen emaillierten Topf gebeugt, während das Mädchen Zwiebeln, Tomaten und Kräuter schnitt. Die Sauce Bolognese war fast fertig.

Erika schritt mit einem Spazierstock in der rechten Hand gemächlich, aber aufrecht über den Hof. Links neben dem Oleanderstrauch stand ihr Tisch mit der Rechenmaschine.

Im linken Arm trug sie zwei dicke Bücher. Eins für Einnahmen und eins für Ausgaben. Bei jedem Klingeln der Registrierkasse, leuchteten kleine Dollarzeichen in ihren Augen auf. Sie war unser Finanzgenie.

Ich saß im Schaukelstuhl, ein kleines Tischchen mit Schreibzeug daneben, eine Katze auf der Schulter, einen Schäferhund zu meinen Füßen, ein Hörgerät im rechten Ohr, das ich mit einem entschuldigenden Lächeln und blitzenden Augen einfach abschaltete, wenn ich meine Ruhe wollte. So begrüßte ich unsere Gäste.

Leider viel zu schnell brachte uns der Straßenverkehr zurück in die Realität.

Auf Wiedersehen *bella Italia*.

Das eiskalte Alltagsleben hatte uns wieder.

„ZUKUNFTSTRÄME".

In nur zwei Stunden war es um 20 Grad kälter geworden.

Der Schnee, der uns schon am Brenner begrüßte, begleitete uns bis nach Hause.

Uns blieb eine Erinnerung, die uns niemand mehr nehmen kann.

Kapitel 4

Die dritte Reise nach Prag

Nur einmal läutete heute mein Wecker und ich war hellwach. In einer Stunde war ich mit meinen beiden Freundinnen verabredet. Wir fuhren wieder mal für ein paar Tage nach Prag. Mein Gott, wo ist mein Ausweis? In zwanzig Minuten sollte ich Manuela abholen und meine Papiere waren weg. Herrlich, der Tag fing ja gut an. Im Auto waren sie nicht zu finden, in der Handtasche nicht zu greifen. Meine Autopapiere, Führerschein und Personalausweis – alles verschwunden.

Das gab es doch gar nicht.

Die letzten Tage zogen an meinem geistigen Auge vorbei. Ich hatte vor fünf Tagen meinen neuen Ausweis vom Rathaus abgeholt.

Dann war ich ins Auto gestiegen und hatte ihn meiner Tochter gegeben. Sandra hatte ihn zu meinen Führerschein und Fahrzeugschein in ein schwarzes Mäppchen gelegt, und dann?

Das kleine schwarze Etui musste im Auto sein. Es hatte keinen Sinn, es war noch zu dunkel und die Innenbeleuchtung von meinem Wagen keine große Hilfe.

»Nicht nervös werden, nicht aufregen! Du gehst noch mal mit der Handtasche rauf in die Wohnung, durchsuchst die Tasche und den Schreibtisch und holst dir für alle Fälle deinen Reisepass«, redete ich mir selbst ein und versuchte mich so selbst zu beruhigen.

Drei alte Kaugummi, eine Nagelfeile, Papiertaschentücher, Garagenschlüssel, ein ausgetrockneter Lippenstift, Kopfschmerztabletten, ein Probefläschchen Parfüm, Visitenkarten, ein Telefonbüchlein, eine halb leere Packung Pfefferminzdragees, zuckerfreie Bonbons, alles ist in meiner Tasche. Nur kein schwarzes Mäppchen mit meinen Papieren.

»Wo bleibst du denn? Ich habe mir schon Sorgen gemacht. Vor einer halben Stunde habe ich bei dir angerufen.«

»Wenn du wüsstest! Seit einer dreiviertel Stunde such ich meine Papiere. Nimm bitte du deinen Führerschein mit für die Grenze, falls man uns kontrolliert. Ich kann mir beim besten Willen nicht vorstellen, wo er sein sollte. Er muss entweder im Auto liegen oder Sandra hat ihn in ihre Tasche anstatt in meine gesteckt.«

»Jetzt warte erst mal ab. Wenn es heller wird, such ich während der Fahrt das Auto noch mal durch, aber jetzt müssen wir Erika holen, die wartet auch schon.« Manuela hatte mittlerweile ihre Reisetasche im Kofferraum verstaut und saß auch schon auf dem Beifahrersitz.

Zehn Minuten später standen wir mit voll getanktem Auto vor Erikas Haustür.

»Hallo Süße, gut geschlafen?« So begrüßen wir beide Erika, die schon auf uns wartete. Ein leichtes Augenzwinkern begleitete meine Worte: »Warst du schon auf der Toilette? Können wir fahren?«

Mit einer Handbewegung hatte ich den Sitz nach vorne geschoben

»Steigst du ein, hinter mir hast du mehr Platz für die Füße!«

Da Manuela für den Kofferraum und das Gepäck zuständig war, hatte sie auch schon die dritte Reisetasche eingepackt.

»Meine Damen. Ich habe gut geschlafen, war auch schon auf der Toilette und habe nur eine Tasse Kaffee getrunken. Wir können also ruhig abfahren. Außerdem habe ich eine Musikkassette dabei, extra aufgenommen, mit ABBA.«

»Manuela, beim nächsten Parkplatz müssen wir die Plätze tauschen. Es sind nur noch ein paar Kilometer bis zur Grenze und ich habe keinen Führerschein parat.«

»Bleib ganz ruhig, ich werde jetzt mal genau suchen.«

Im Handschuhfach fand sie ein paar alte Musikkassetten

Marke 1955 bis 1960, Hochzeitsbilder meiner Tochter und Feuchttücher, das war alles.

In der Ablage unter dem Radio, eine Sonnenbrille, einen vergilbten Schreibblock, einen Kugelschreiber, meinen Fotoapparat.

Unterm Beifahrersitz wurde es dann schon spannender: ein kleiner Hammer, ein Kreuzschlitzschraubendreher, eine verrostete Kneifzange und eine Wintermütze.

»Sag mal, weißt du eigentlich, was du so alles spazieren fährst?«

»Ja sicher, das brauche ich alles. Ich weiß zwar nicht wann, aber wenn ich es brauche, dann habe ich es auf jeden Fall dabei.« Manuela schüttelte den Kopf und lachte. Erika verteidigte mich sofort: »Das ist nicht chaotisch, das ist die Logik des Krebses.«

»Hier, ich habe sie gefunden! Sie waren zwischen den Landkarten. In der Seitentasche von der Beifahrertür.« Dabei fuchtelt Manuela mit dem schwarzen Mäppchen, das meine Papiere enthielt, in der Luft herum.

»Gott sei Dank. Ich habe schon nach einem Parkplatz gesucht. Wir haben nur noch zwei Kilometer bis zur Grenze.«

»Wisst ihr, was ich jetzt richtig blöd fand von dem Grenzer? Wir suchen ewig nach meinen Papieren und dann will er sie nicht einmal sehen. Nein, er winkt uns gleich weiter. Nicht mal meinen neuen Ausweis hat er sich angeschaut.«

»Ja. Du arme Josy, er weiß nicht, was er versäumt hat. Aber hältst du trotzdem beim nächsten Markt an. Ich brauche noch Zigaretten«, meinte Erika, »und Manuela will sich auch gleich nach den Preisen für Herrenarmbanduhren erkundigen.«

»Ja, aber die Lebensmittel kaufen wir in Straconice, im Supermarkt«, meldete ich mich wieder zu Wort.

»Erika, ist an deinem Taschenmesser einen Korkenzieher dran?«

»Wieso?«

»Wir müssen doch nicht jeden Abend ins Wirtshaus. Wir könnten uns doch auch von hier eine Flasche Rotwein mitnehmen und mal einen Abend auf dem Zimmer bleiben.«

»Ich will aber Roséwein!«, meldete sich Erika.

»Mir ist es egal«, meinte Manuela,

»Okay, mir ist es eigentlich auch egal, aber müssen eine Flasche mit Drehverschluss nehmen. Ich habe nur einen Öffner für Kronkorken am Schlüsselbund. Eine alte Gewohnheit. Ist noch von meinen Exmann«. Dabei verdrehte Erika die Augen wie Clarence, der schielende Löwe.

»Da sieht man wieder, was wir von unseren Männern alles gelernt haben. Sie haben uns gezeigt, was wichtig ist«, pflichtete ich Erika bei.

»Wir können uns den Wein auch in Prag kaufen.«

»Oh, nein, meine Damen. Alles, was wir in Prag kaufen, müssen wir tragen. Alles, was wir hier kaufen, wird mit dem Auto bis vor die Tür gefahren.« Ich warf Butter und Käse in den Einkaufswagen.

»Reichen zwei Flaschen Bitter-Lemon und zwei Flaschen Cola, oder soll ich mehr nehmen?"

»Ist euch bewusst, dass wir am Sonntag wieder heimfahren. Wir bleiben keine 14 Tage«, meldete sich Manuela hinter mir.

Diese kleinliche Aussage bewegte weder Erika noch mich, den Einkauf abzubrechen. Ein bisschen Obst, Kränzchen, das ist eine süße tschechische Spezialität aus Brandteig, Schaumküsse mit Erdbeer-, Kokos- und Vanillefüllung wanderten in den Wagen und ließen für kurze Zeit das Kalorienzählen vergessen. Frisches Brot, schon in Scheiben geschnitten, Salami, Gurken, eingelegter Knoblauch.

»Ich glaube, wir haben alles fürs Frühstück und unsere Mitternachtsbrotzeit.«

Langsam schoben wir den Einkaufswagen Richtung Kasse.

Mit Argusaugen wurden die Regale noch nach Brauchbarem abgesucht und dieses dann in den Wagen geworfen. Somit wurde der Einkaufswagen wieder mal bis oben hin voll. Vierhundertfünfundsechzig Kronen gerade mal 25 DM mussten wir zahlen.

Mit der Rechnung im vollen Einkaufswagen und je einem Schaumkuss im Mund, wandern wir über den Parkplatz zu unserem Auto. Manuela verstaute die Tüten, Erika brachte den Wagen zurück und ich probierte die Süßigkeiten.

So hatte jeder seine Aufgaben.

Unser Zeitplan war optimal. Wenn alles so gut weiterginge, könnten wir gegen halb drei Uhr nachmittags unser Prag mit einem Biwo am Altstadtmarkt begrüßen.

Schwanzwedelnd liefen die beiden Hunde vom Campingplatz freudig auf uns zu. Ob sie uns noch vom letzten Mal kannten? Es war gerade mal fünf Monate her, dass der englische Hirtenhund mein Auto bewacht hatte. Unsere Vermieter kamen auch schon aus der Tür und begrüßten uns herzlich. Wir fühlten uns sofort wieder wie zu Hause oder wie bei guten Freunden. Es war ein schönes, warmes Gefühl. Man war kein Mieter für ein paar Tage, nein, man war ihr Gast.

»Schaut mal, wir haben dasselbe Zimmer wie beim letzten Mal«, sagte Erika als sie die Tür aufsperrte Dieses Mal hatte sie die Schlüsselgewalt.

»Hat sich auch nichts verändert. Oder doch: Wir haben andere Bettwäsche, die Fenster auf der Seite, die zur Moldau zeigt, sind frisch geputzt, andere Vorhänge sind da. Man bemerkte die Wirkung des Oster- bzw. Frühjahrsputzes. Schnell packten wir unsere Reisetaschen aus, zogen frische T-Shirts an und machten uns auf den Weg in die Stadt. Mit Manuelas Rucksack und den Tagesfahrkarten, die wir uns bei der Verwaltung unseres Campingplatzes besorgten, gingen wir zur nächsten Bushaltestelle.

»Ist das Wetter nicht herrlich? Die Sonne scheint, die Vögel zwitschern. Man merkt doch gleich, wenn Englein reisen.«

»Ja, wir müssten ungefähr 25 Grad in Prag haben, so hieß es jedenfalls gestern im Internet«, gab Manuela zur Antwort.

Ein Schwanenpärchen richtete sich ein Nest für sein Gelege an einer Bootsanlegestelle her. So richtig idyllisch.

Etwa zehn Meter entfernt arbeiten junge Leute. Es war ein

geschäftiges Treiben. Es roch nach Rostentferner und frischen Lackfarben. Überall wurde gestrichen, gehämmert, wurden Boote in Schuss gebracht. Dazwischen hörte man das Rufen und Pfeifen der Trainer, die ihre Ruderer auf der Moldau zu mehr Leistung antrieben.

Fast mittendrin, der werdende Schwanenpapa. Er fauchte und spreizte sich, als wollte er sagen: »Wer mir oder dem Nest oder meinem Weibchen zu nahe kommt, hat nichts zu lachen.« Natur, Sport und harte Arbeit. Alles auf engstem Raum und jeder akzeptierte den anderen. Das hier war das wirkliche, reine Leben, Frieden, Ruhe, ohne die ewige Rennerei nach Gut und Geld. Man muss froh sein, wenn man so etwas erleben darf.

Zweihundert Meter weiter kamen wir in das geschäftige Treiben einer Großstadt. Autos, Busse, Tram-Bahnen bzw. Straßenbahnen, hektische Menschen mit vollen Einkaufstaschen, Arbeiter, die nach Hause fuhren. Männer und Frauen mit Aktentaschen, die in die Stadtmitte fuhren. Junge Mütter mit Kinderwagen, die einen ruhig und liebevoll, die anderen nervös und schimpfend.

Die Idylle war nur ein paar hundert Meter entfernt.

Das war das Alltagsleben wie in jeder Millionenstadt.

Wir hatten uns schnell wieder akklimatisiert. Ganz selbstverständlich, als wären wir Einheimische, stiegen wir für zwei Stationen in den Bus. In Smirchov-Nadrazi hieß es wieder aussteigen, die Rolltreppe runter mit der Metro B in die Innenstadt und schon waren wir da.

Wir spürten keine große Aufregung oder Nervosität mehr. Nicht wie vor zwei oder drei Jahren, als wir uns ständig Fragen stellten: Sind wir in der richtigen Metro? Ist es schon die Richtung in die Stadt? Steigen wir an der richtigen Haltestelle aus?

Nein, wir kannten uns mittlerweile aus in Prag, und wie es sich gehörte, hatten wir ein tolles Ritual. Erst wenn wir unser Prag mit einem Bierchen begrüßt hatten, dann waren wir mit Herz und Seele am Ziel.

»Wir schaffen es heute bis halb drei«, sage ich zu den beiden, als wir die steile Rolltreppe aus der Metro nach oben fahren. »Nein vor drei gibt es kein Bier«, meinte Manuela. Erika lächelte verschmitzt vor sich hin. Wie immer hatte Manuela auch heute wieder recht. Um fünf Minuten nach drei stellte uns der Kellner ein Bier auf den Tisch. »Na, was habe ich euch gesagt?«, wollte Manuela wissen. »Ist ja gut, aber länger hätten wir es nicht mehr ausgehalten, oder? Mein Hals ist schon total ausgetrocknet«, entgegnete ich. »Prost, Prag. Es ist schön, wieder hier zu sein!« Mit diesen Worten hoben wir die Gläser und prosteten dem Rathaus zu.

In einer Woche würde das Osterfest gefeiert und das sah man hier mit jedem Blick. Alles war für die kommenden Feiertage geschmückt. Auf dem großen freien Platz vor dem Rathaus waren Osterbäume aufgestellt. Das waren Birken, die mit bunten Bändern und Ostereiern geschmückt waren. Vor den Lokalen waren Tische und Stühle gruppiert. Die Kellner und Kellnerinnen bahnten sich einen Weg durch die Menschenmenge, um ihre Gäste mit kalten Getränken und Speisen zu bedienen.

Es war etwas los in der Stadt, und die Sonne schickte ihr schönstes Lächeln auf diesen Platz der Erde.

Auch wir schlenderten wieder durch die Straßen und Gassen.

Wir hatten uns einiges vorgenommen und wenn wir das alles schafften, könnten wir am nächsten Tag richtig bummeln und die Seele baumeln lassen.

Zuerst mussten wir ins Kaufhaus Tesko. Erika brauchte bestimmte Sachen aus der Kurzwaren-Abteilung.

»Die gibt es nur in Prag«, war ihr Kommentar dazu.

So ganz glaubte ich es nicht. Vielleicht waren es auch nur die Erinnerungen, die es nur in Prag gab und mit den Dingen zu tun hatten? Anschließend besuchten wir noch ein, zwei kleinere Geschäfte, die für uns wichtig waren. Eines lag im ersten Stock und eines in einem Haus am anderen Ende des Platzes im Keller.

Da gab es sehr gute Bücher, auch in deutscher Sprache. Zu guter Letzt noch ins Botanicus. Wie meistens war der Laden brechend voll. Kunden aus allen Ländern standen heute an, um alles zu beschnuppern, auszuprobieren und zu kaufen. Wir besorgten uns nur, was wir für das nächste halbe Jahr brauchten, und gingen dann gleich wieder nach draußen auf der Straße.

Vielleicht würden wir am nächsten Tag, wenn nicht so viele Kunden da waren, noch mal hingehen und schauen, ob es was Neues gab.

»Was haltet ihr von einem kleinen Imbiss? Da drüben ist das Gasthaus ›Zu den drei schwarzen Katzen‹, gutbürgerlich und gemütlich. Wollen wir da reingehen?«, fragte uns Erika.

Wir gingen und haben es nicht bereut. Es war richtig gemütlich. Ein Musikant saß etwas abseits, er spielte auf einer Ziehharmonika und sang dazu. Die Hektik der Straße blieb draußen.

»Gehen wir heute Abend ins Flecko?«, fragte ich beim Essen. Erikas Augen blitzten auf wie zwei Scheinwerfer.

»Oh ja, da war ich nicht mehr, seitdem meine Kinder zur Welt gekommen sind.«

Manuela schaut uns fragend an. »Was ist das Flecko?«, wollte sie wissen

»So ähnlich wie bei uns das Hofbräuhaus in München, nur auf tschechisch, ohne Blaskapelle, dafür mit einem Schweijk, so eine Art Alleinunterhalter, der geht von Raum zu Raum, ab und zu auch von Tisch zu Tisch, dabei singt er zu seiner Musik. Er ist nicht laut, ohne Verstärker und so, und nicht aufdringlich, wenn er sieht, hier möchte man sich unterhalten, geht er einfach weiter in den nächsten Raum.«

Manuelas Blick glich einwandfrei einem Fragezeichen. Ihre Begeisterung über unsere gute Idee hielt sich in Grenzen.

»Und das Bier erst, du weißt gar nicht, wie gut das ist. Es ist ganz schwarz. So etwas gibt es sonst nirgendwo«, sagte ich voller Überzeugung.

»Na, na, jetzt übertreibt mal nicht!«, meinte sie.

Aber jetzt bekam ich Schützenhilfe von Erika: »Josy hat recht, das Bier bei Flecko ist weltbekannt, mit seinen 13 Prozent hat der Gerstensaft ordentlich Power.«

»Das merkt man aber erst an der frischen Luft«, unterbrach ich Erika.

»Außerdem wollten wir uns doch der tschechischen Biergeschichte widmen und ich hab mich extra schlau gemacht. In dem Gasthof ist eine Brauerei, die das schwarze Bier seit knapp sechshundert Jahren braut. Nirgendwo anders als in Prag oder in der tschechischen Republik gibt es dieses Bier sonst zu kaufen. Es wird nur für die eigene Schankanlage gebraut«, gab ich zum Besten.

Erika pflichtete mir wieder bei: »Du hast gut gelernt, Josy«, und mit einem Kopfnicken zu Manuela meinte sie: »Ja es stimmt, dieses Bier gibt es nur in Prag im Flecko.«

Wir hatten Manuela überzeugt. Normalerweise waren so große Bierhallen mit Musik nicht gerade nach ihrem Geschmack. Aber im linken Augenwinkel sah ich ein kleines bisschen Neugier.

»Wenn es dir nicht gefällt, dann gehen wir eben wieder. Aber einmal reingehen und ein Bierchen probieren, das muss man. Sonst kennt man die Stadt nicht. Das ist Geschichte und gehört zu Prag« setzte ich noch drauf.

»Okay, ein Bier und wenn es mir nicht gefällt, dann gehen wir gleich wieder«, meinte sie zögernd.

Wir gingen zu Fuß in die Kremencova Straße 11, so machten wir einem kleinen Spaziergang durch die Stadt und konnten nebenbei die letzten Sonnenstrahlen des Tages genießen.

Von außen sah das Haus ganz schlicht und einfach aus.

Nur ein kleines beleuchtetes Reklameschild über der Haustür zeigte unser Ziel.

Aber innen, eine reine Pracht, riesengroß mit einem Biergarten, den man hinter einer einfachen Hausmauer nie vermuten würde. Manuela gefiel es, das Bier war gut wie immer und zwei Musiker spielten heute alte Weisen vom braven Soldaten

Schweijk. Wir haben die drei Stunden in dem gastlichen Haus genossen.

Am nächsten Tag waren wir morgens um neun schon wieder auf Achse. In aller Ruhe wollten wir den großen Ostermarkt besichtigen. Am unteren Teil des Wenzelplatzes fingen wir damit an. Rundum standen Osterbirken, die Verkaufsbuden hatten eine ovale Form, wie riesig große Eier, und vorne am Eingang zum Markt stand ein kleiner weißer Holzzaun, geschmückt mit Osterglocken und Palmkätzchen. Drei Gassen bildeten die Buden, ideal für uns, jede ging in eine andere Richtung und ab und zu trafen wir uns wieder am Holzzaun. Dort tauschten wir unsere Erfahrungen aus, und gaben Tipps, was wen interessieren könnte. Erst als es absolut nichts mehr zu sehen gab, gingen wir weiter zum Rathausplatz.

»Meine Damen, ich weiß nicht, wie es euch geht, aber ich würde gern eine Pause machen. Ich muss noch ein paar Osterkarten schreiben, zu essen kann ich auch was vertragen und ich will gar nicht wissen, wie viele Kilometer wir heute schon gelaufen sind«, sagte ich und stellte mich breitbeinig vor Manuela und Erika auf.

Seit Monaten verzichtete ich aufs Zigarettenrauchen, das Nikotin fehlte mir gar nicht so sehr, nur mein Appetit hatte sich sehr verbessert.

»Das ist wieder eine deiner guten Ideen«, meinte Manuela »Kommt, wir suchen uns ein freies Tischchen.«

Wir mussten ziemlich lange suchen, bis wir einen Platz fanden.

»Na, Mädels, haben wie es nicht schön? Wir sitzen hier bei 25 Grad Wärme, die Sonne scheint, wir sind gesund und wir genießen unsere freien Tage im Herzen von Prag, wer kann das schon von sich sagen?« Erika breitete die Arme weit aus, als würde sie die Welt umarmen.

»Mmh, mmh«, nickte ich ihr zu. »Hier, unterschreibt mal die

Karten.« Ich schob ihr und Manuela die Ansichtskarten abwechselnd zum Unterschreiben hin.

»Du bist heute mal wieder so richtig einfühlsam«, sagte Manuela zu mir, »keinen Sinn für die Schönheiten der großen weiten Welt.«

»Doch, aber erst muss ich die Karten fertig schreiben.«

Nicht weit von uns entfernt war ein großes Podium aufgestellt, das sich jetzt mit Musikanten füllte. Da mein zweiter Vorname Neugier heißen könnte, Neugier in Bezug auf alles Neue, fragte ich sofort: »Erika, was sagte der Mann da auf dem Podium? So viele Namen kann die Gruppe doch gar nicht haben, wie der aufsagt.«

Sie hörte einige Minuten zu und übersetzte: »Die veranstalten einen Musikmarathon, das heißt alle Musikgruppen aus der näheren und auch weiteren Umgebung, spielen hier eine halbe Stunde, dann ziehen sie weiter und die nächste Gruppe spielt. Das geht so lange, bis sich ein musikalischer Gürtel im Umkreis von 25 bis 40 Kilometern um Prag gebildet hat. An diesen Orten spielen sie zum Tanz auf und begrüßen auf ihre Art das Osterfest. Übrigens aus Deutschland sind auch Musikanten dabei.«

Nach einer Stunde hatten wir genug gehört und gingen weiter. Es gab noch so viel zu bestaunen. Zum Teil zu dritt oder auch einzeln gingen wir durch die Reihen der Verkaufsstände, aber meistens hatten wir Blickkontakt.

In unserer kleinen Gemeinschaft waren wir in kurzer Zeit zu so guten Freundinnen zusammenwachsen, die sich nur mit Blicken verständigen konnten, wir brauchen keine großen Worte mehr.

An einem großen Streichelgehege hinter dem Musikpodium trafen wir uns wieder. Mittels Planen wurden die Tiere vor der Sonne geschützt. Im Schatten eines Stalles säugte ein Schaf seine zwei Lämmchen, daneben meckerte eine alte Ziege, die wiederum Antwort von einem Zicklein bekam. Aber die meisten

Kinder, ob groß oder klein versammelten sich um die Hasenfamilien, die sich gerne mit frischen Karotten verführen ließen.

Jede von uns dreien hatte auf dem Markt eine Kleinigkeit eingekauft und die wurden jetzt bei einem großen Eisbecher bestaunt.

»Ich brauche unbedingt noch sechs Briefmarken für meine Karten. Bitte erinnert mich daran, bevor wir nach Smirchov zurückfahren«, sagte ich.

»Dann gehen wir am besten ins Postamt, dann haben wir es hinter uns.« Mit einem schnellen Blick auf die Armbanduhr meinte Erika »Wenn wir gleich gehen, müsste noch offen sein, bis wir dort sind.« Und schon marschierte sie los.

»Halt, wartest du auch noch auf uns? Oder willst du alleine gehen?«, riefen wir ihr nach. Wir mussten erst unsere Tüten, Taschen und Rucksäcke sortieren.

»Wir haben es geschafft, in zehn Minuten schließen sie, kommt ihr mit rein oder wartet ihr?« Erika war schon wieder verschwunden und wir stiegen langsam und bedächtig die Stufen hoch zum Eingang. Am letzten Schalter hatte sich Erika schon angestellt, um meine Briefmarken zu kaufen.

Wie in einem Bahnhof aus den achtzehnten Jahrhundert sah es hier aus, die Wände waren mit Häusern aus einem bekannten Prager Stadtteil bemalt.

Die Figuren an den Fenstern waren mit einer Technik und einem Können gezeichnet, so dass es den Eindruck erweckte, als wären es echte Menschen, die dort aus den Fenstern schauten.

Die Reihe der Postschalter glich einem gläsernen Zug. In jedem Teil ein anderer Schalter. Für Wertmarken, für Einschreiben, für Pakete, für die Postbank ...

Ich glaube, es waren sieben oder acht Abteile.

Davor drei oder vier Holzbänke aus derselben Epoche.

Dort saßen die Postkunden mit Zettelchen in der Hand und warteten auf ihre Nummer, die über ihrem Abteil aufleuchtete.

So ein schönes Postamt hatte ich noch nie gesehen, deshalb zog ich auch sofort meine Kamera aus der Tasche und fing an zu

fotografieren. Drei bis viermal hatte es schon geblitzt, da warf mir Erika einen Blick zu, der sagte: »Um Gottes willen, bist du wahnsinnig.«

Und schon packte mich eine Hand an der Schulter und drehte mich herum. Ahnungslos, aber Unheil ahnend sah ich einem Uniformierten in die Augen.

»Entschuldigung, sorry, scusi«, stammelte ich und weiter ging es in deutscher Sprache: »Es ist so schön hier, ich wollte nichts Böses, bitte nicht den Film wegnehmen, ich habe nicht gesehen, dass Fotografieren verboten ist.«

Der Mann sah mich noch mal böse an, und bedeutete mir, noch ein Bild und du bist verhaftet. Der Blick und die Handzeichen waren mehr als deutlich. Nochmals entschuldigte ich mich, steckte meine Kamera sofort in die Tasche und verließ das Postamt.

Manuela und Erika, die die Briefmarken schon in der Hand hielt, folgten mir.

»Du hast auch mehr Glück als Verstand« sagte Erika vorwurfsvoll. »Weißt du, er hätte dich jetzt verhaften können. Wir sind in der Tschechoslowakei und das hier ist ein Amtsgebäude.«

»Ja, ich habe nicht mehr daran gedacht, ich wollte doch nur

ein paar Fotos machen, weil es so schön ist, das Amtsgebäude. Außerdem hat er ja gesehen, dass ich zum Spion nicht geboren wäre. Ich bin nun mal kein James Bond.«

»Was machen wir jetzt? Da wir die liebe Josy nicht aus dem Knast holen müssen, habe wir wieder genügend Zeit.« Das kam von Manuela. Sie wollte mit ihrem hintergründigen Humor die Situation auflockern.

Wir beschlossen einstimmig, den Tag in Smichow, in unseren Restaurant Sindy zu beenden.

Nach einer gründlichen Restaurierung (duschen, schminken, lackieren, frisieren und maniküren) kamen wir im Sindy an.

Es hat sich was getan in dem letzten halben Jahr. Der Wirt war zwar noch derselbe, aber das Personal war total ausgewechselt. Das wiederum brachte dann schöne Schwierigkeiten. Mit dem Koch hatte sich auch die Speisekarte geändert.

Wieder mal brauchten wir Erikas Übersetzung. Manuela und ich bestellten uns zusammen eine große Platte, laut Übersetzung bestand sie aus drei verschiedenen Filets, Pommes frites, Gemüse und einer leckeren Pfeffersoße.

Erika bestellte sich wie immer, wenn sie sich nicht entscheiden konnte, ein Schnitzel. Was wir aber vorgesetzt bekamen, deckte sich weder mit der Speisekarte noch mit der Übersetzung.

Schnell stellte der Kellner Manuela und mir zwei Teller mit UFOs (undefinierbare fleischähnliche Objekte) vor die Nase, murmelte etwas und verschwand blitzartig aus unserer Nähe.

Wissen Sie wie das ist, wenn man sich auf einem Teller Pralinen freut, und man bekommt stattdessen einen alten angeknabberten Keks?

Ungefähr das spiegelte Manuelas Gesichtsausdruck, als sie auf ihren Teller sah. Ich konnte im Moment erst mal nur lachen.

Erika meinte ganz cool:»Mahlzeit Mädels, meines sieht gut aus«, probierte eine Gabel voll, »und schmeckt auch so.«

Nun ich hatte Hunger und aß tapfer alles, was auf meinem Teller lag. Manuela aber konnte sich gar nicht dafür begeistern.

Sie war dafür, Erika zu lynchen und ihr anschließend das Schnitzel wegzunehmen. Erst nach dreimaligem Rufen und Dauerwinken, meine Schulter war fast schon ausgekugelt, kam der Kellner zaghaft an unseren Tisch.

Wir bzw. Erika wollten ihn auf den Unterschied zwischen einer Spezialitätenplatte und unserem Essen hinweisen, da meinte er:»Ich weiß, ich habe einen Fehler gemacht, aber wenn ich mit ihrem Teller in die Küche komme, schmeißt mich der Koch raus. Er hat mir heute schon ein paar Mal die Bestellung geändert, es ist heute mein erster Arbeitstag hier.

Wenn Sie essen, darf ich weiterarbeiten, oder ich muss die Bestellung wieder ändern, dann bin ich höchstwahrscheinlich wieder arbeitslos. Bitte sagen Sie es nicht meinem Chef."

Mit einem Stirnrunzeln übergingen wir die leidige Situation und dass er wegen uns gefeuert würde, wollten wir auch nicht.

Manuela stocherte in ihrem Essen rum. Probierte hier ein bisschen, davon ein Gäbelchen. Dann beschloss sie, jetzt ernähren wir uns flüssig, und bestellte drei Becherovka beim Wirt. Dem Kellner traute sie nicht mehr.

Der Wettergott war uns nicht mehr so wohlgesinnt.

Es fing leicht zu regnen an. Erst auf der überdachten Veranda, später dann in der kuschelig warmen Gaststube tranken wir ein Gläschen nach dem anderen, dabei ließen wir uns die Anatomie der Menschen, insbesondere die der Männer durch den Kopf gehen. Plötzlich war Erika verschwunden. Wir suchten sie überall. Nach einer halben Stunde, wir wollten uns gerade auf den Weg nach Hause machen, ging die Tür auf und eine kreidebleiche Freundin stand vor uns.

Wir wussten natürlich nicht, was sie mit Frau Ente und Herrn Erpel zu besprechen hatte, aber wir sahen, was sie ihnen übergab und damit waren die beiden ganz und gar nicht einverstanden. Um es schlicht und einfach zu sagen, sie waren entsetzt.

Ungefähr zehn Minuten später, als wir schon nach Hause gingen, standen sie immer noch schnatternd auf der Wiese.

„WAS WILL DIE DENN!"

»Bitte, bitte, meine Mädels, tut mir einen Gefallen. Esst nie, niemals Gurken und trinkt Becherovka dazu. Die beiden mögen sich nicht. Glaubt mir. Die zwei sind keine Freunde, die mögen sich gar nicht«, sagte Erika.

Schon zwei Minuten später schlief sie tief und fest wie ein Baby. Wie zwei treusorgende Mütter haben wir unsere »Schnecke« zugedeckt.

Der Abschied war dieses Mal nicht so traurig wie im Oktober letzten Jahres, wir waren uns sicher, wir würden wiederkommen.

Direkt vor der Landesgrenze befanden sich viele asiatische Märkte, die das Herz der Frauen (Klamotten, Unterwäsche, Schuhe ...), aber auch der Männer (Zigaretten, Alkohol, CDs ...) höher schlagen lassen. Natürlich hatten auch wir uns finanziell vorbereitet, und das Auto wurde voller und voller. Nach dem Verlassen des letzten Marktes glich es dem Umzugswagen einer mehrköpfigen Familie. Der Kofferraum war so voll, dass wir Schwierigkeiten beim Zumachen hatten.

Der Rücksitz bot noch zirka 40 Zentimeter Platz für Erika. Vorne bei Manuela sah es nicht besser aus.

Von hinten ertönte eine Stimme gedämpft durch die Plastiktüten: »Wenn das nur gut geht?!? Stellt euch mal vor, dass wir kontrolliert werden. Wir müssten das alles auspacken und dann wieder ins Auto einpacken.«

Nur noch fünf Wagen standen vor uns in der Kolonne, dann waren wir dran. Die Gebäude von Zoll- und Passkontrolle waren schon zu sehen. Unsere Herzen hatte eine eisige Hand gepackt, wir waren ganz still.

Sie kennen doch auch das Gefühl. Man hat nicht geschmuggelt, alles ist in Ordnung. Doch ist immer die Möglichkeit vorhanden, dass man etwas übersehen hat und es Schwierigkeiten mit dem Gesetz gibt.

Die tschechische Kontrolle war eigentlich kein Problem, sie haben zwar geschaut, drei verschiedene Pässe, drei Nationalitäten, aber nichts gesagt. Die Blicke waren wir schon gewohnt.

Der Zollbeamte wollte nur wissen, ob wir etwas Wertvolles ausführen würden. Vielleicht dachte er an eine Statue von der Karlsbrücke oder mindestens an einen Altar irgendeiner barocken Kirche. Aber ein Blick auf die Plastiktüten von den Märkten verriet ihm, hier war kein Platz für Wertvolles.

Dafür wurde die deutsche Kontrolle interessanter.

»Passkontrolle, guten Tag.«

Ich gab unsere Pässe durch das Autofenster und warf ein unwiderstehliches Lächeln auf den Beamten. Es war umsonst.

Er sah sich einen Pass nach dem anderen an. Dann noch einmal erst mich, dann den Pass. Den nächsten Pass, dann Manuela.

Aber wieso ein dritter Pass?

In dem Moment meldete sich Erika von hinten: »Hier bin ich«, und zeigte ihm nach einem süßen Lächeln ihre Zähne. Der deutsche Zollbeamte der daneben stand, wurde gleich gründlicher. Mit einem Ausdruck im Gesicht, der keine Widerrede duldete, bat er uns zur Seite.

Erwischt!

»Oh, oh«, war Manuelas wortreicher Kommentar.

Aber wir hatten doch nichts dabei außer ein paar Klamotten, die waren nicht der Rede wert. Oder doch? Ich fuhr an die Seite. Wir stiegen aus dem Auto und ließen die Türen gleich offen stehen. Der Beamte verschwand für ein paar Sekunden in einer Halle und kam mit einem Zollwagen zurück.

Er warf einen Blick in das offene Auto, dann sah er uns an.

Wir drei hatte eine Haltung eingenommen, die ihm vermitteln sollte: Wenn du glaubst, dieses kleine Wägelchen reicht aus, dann hast du dich aber ganz schön getäuscht.

Er verschwand wieder in der Halle und holte noch einen Wagen.

Jetzt waren wir zufrieden. Er hatte sich vorgenommen, systematisch vorzugehen, und wollte ganz vorn auf dem Beifahrersitz anfangen. Wollte er! In den Moment fragte ich: »Kann ich helfen? Im Kofferraum sind unsere Reisetaschen.«

»Später«, antwortete er und ging nach vorne.

»Ich sitze hinten, was wir auf den Märkten gekauft haben, liegt bei mir auf dem Rücksitz«, meldete sich Erika.

»Später«, gab er zurück. Sein Kopf tauchte ins Auto. Meiner auch, auf der Fahrerseite – für alle Fälle, nur wenn er Fragen hätte. Inzwischen trat Manuela ein paar Schritte zurück und machte eine Geste, die aussah, als würde sie eine lästige Fliege jagen, aber es sollte bedeuten: »Meine Damen er gehört euch!« Ich tauschte einen Blick mit Erika und sie nickte leicht. Alles klar.

In ihren Augen sah ich das kleine Teufelchen, das ich kannte. Der arme Mann. Auf dem Beifahrersitz wurde Manuela kleines Königreich ausgebreitet. Ihre Handtasche, wurde ausgeleert. Ich erspare mir das Aufzählen ihrer Kostbarkeiten.

Dann ein paar Tüten mit Klamotten, eine Herrenarmbanduhr und ein Ei, ein Osterei. Durchmesser 30 Zentimeter, aus Pappmachee, in der Mitte konnte man es öffnen und füllen. Es war auch noch original verpackt.

Oberkörper und Kopf des Beamten waren aus dem Auto aufgetaucht, das Ei hielt er in den Händen.

»Was ist das?«, fragte er und schaute mich dabei an.

»Ein Ei«, antwortete ich, merkte aber sofort, dass das nicht zufriedenstellend war, also korrigierte ich mich. »Ein Osterei. Wissen Sie, wir haben alle Kinder und Enkelkinder und sie da«, ich zeigte auf Manuela, die sich sichtlich amüsierte, »die hat die Jüngste.«

Das Ei verschwand wieder im Auto. Dafür landeten Plastiktüten auf dem ersten Zollwagen. Alles wurde gründlich gecheckt,

94

durchgeschaut und abgetastet. Das Ei tauchte noch einmal kurz auf und wurde wieder durchgeschüttelt. Dann ging er seinem System folgend zu den hinteren Sitzen. Das wurde dann schon schwieriger, wegen der Menge, die auf ihm wartete. »Was ist da drin?«, fragte er mich wieder.

»Geschenke für unsere Kinder und Enkelkinder und sie hat ...«

»Ich weiß« unterbrach er mich »Sie hat die Jüngste.«

»Ja.«

Die Tüten landeten ebenfalls auf dem ein mal zwei Meter großen Wagen. Langsam füllte er sich und der Beamte holte sich jetzt den zweiten Wagen zur Hilfe. Er zog immer mehr Tüten aus dem Auto. Auf seiner Stirn bildeten sich die ersten Schweißperlen. Endlich hatte er sich durchgearbeitet bis zum Sitz. Irgendwie war er enttäuscht, es war nichts zum Verzollen dabei. Ganz tapfer ging er zum Kofferraum, offenbar nur den einen Gedanken im Kopf: Da muss noch was zu finden sein.

Der Kofferraum quoll fast über und ganz oben lag eine Schachtel mit kleinen Torten und Kuchen und anderen Süßigkeiten.

Die Vorstellung alles rausnehmen zu müssen war für ihn undenkbar.

»Was ist das?« Er zeigte auf die Schachtel.

»Das sind Torten für unsere Kinder und ...«

»... und Enkelkinder, und sie hat die Jüngste«, unterbrach er mich. »Ich weiß schon.« Dann ging er wieder zu Manuelas Platz und holte das Ei. Er war magisch angezogen davon. Er nahm es wieder in die Hand, schüttelte es, hob es hoch und legte es wieder zurück.

»Haben Sie Zigaretten?«, fragte er.

»Ja«, antwortete ich höflich.

»Und wo?«

»Ja, irgendwo im Auto, soll ich Ihnen suchen helfen? Wisst ihr, wo die Zigaretten sind?« Erika schüttelte denn Kopf, Manuela zuckte nur mit den Schultern.

Seine letzte Hoffnung, die Zigaretten gezielt zu finden, war damit gestorben.

»Ach, lassen Sie, es ist ja egal. Ich glaube Ihnen.« Er drehte sich zu Erika um und fragte, ob sie etwas zu versteuern hätte.

»Ich? Nein! Aber haben Sie die Flaschen gesehen, die wir im Kofferraum haben?«

Die Hoffnung darauf, etwas bei uns zu finden, war wieder da, seine Augen blitzten wie ein Gebirgsbach.

Er schaute genauer und zog eine von zwei Flaschen Becherovka Kräuterlikör hervor, die wir gekauft hatten, dann fand er die zweite. Seine Laune wurde sichtbar besser.

»Da sind noch mehr Flaschen drin«, sagte Erika und schaute unschuldig zu Boden. Auf seinen Lippen erschien der leichte Schatten eines Lächelns und seine Hände tauchten wieder unter die restlichen Tüten, er zog nach und nach noch fünf weitere Flaschen aus dem Auto. Doch dann schaute er genauer hin.

»In den fünf Flaschen ist ja Sirup!«, sagte er und schaute Erika entsetzt an.

»Ja, ich weiß! Die muss man wohl nicht versteuern?«, fragte sie ganz unschuldig.

»Natürlich nicht. Das ist ja kein Alkohol.«

In dem Moment nahm ich die Schachtel mit den Torten, öffnete sie und ging von hinten auf ihn zu.

»Wollen Sie vielleicht probieren? Die schmecken gut!«, fragte ich ziemlich laut. Er erschrak so, dass er in die Knie ging.

Ich schenkte ihm ein zuckersüßes Lächeln und hielt ihm die Schachtel unter die Nase.

»Ist gut für die Nerven«, bemerkte ich so nebenbei.

»Nein, danke«, stöhnte er.

Freundlich half er uns, alles wieder einzupacken. Er wollte uns gerade eine gute Reise wünschen, da tauchte Erika hinter ihm auf. Ihre Blicke sagten mir: »Was, das war es schon? Ich bin noch nicht fertig mit ihm.«

»Ich weiß jetzt, wo die Zigaretten sind.«

»Wo?«

»In der großen roten Reisetasche im Kofferraum.«

In diesem Moment konnte ich seine Gedanken lesen. Was!?! Das alles wieder ausräumen? Die drei müssen eine Macke haben.

Resigniert meinte er nur, sie sollte sie bitte selber holen. Erika ging zurück zum Kofferraum und rief den Beamten zu sich. »Können Sie mir helfen?« Sie öffnete die Tasche und ein Haufen gebrauchter Kleidung und Schuhe quoll hervor.

Sie nahm die Klamotten und drückte sie dem Beamten in den Arm. Er stand nur da, in seinem Gesicht die Frage: Wie hat die es nur geschafft, so viel in eine so kleine Tasche zu packen? Es dauerte noch geraume Zeit, dann zog Erika ihre Zigaretten hervor.

»Da sind sie!« Sie legte ihm die Schachteln auf den wieder leeren Zollwagen.

»Das sind doch nur sechs Schachteln.« Er schaute sie an und traute seinen Augen nicht. So viel Lärm um nichts.

Erika sah beschämt zu Boden und sagte leise: »Ich weiß, ich bin eine starke Raucherin.«

Er warf die Zigaretten zurück in die Tasche.

So viel Zeit hatte er geopfert und nichts gefunden. Er ging noch mal nach vorne, nahm das Osterei ein letztes Mal in die Hand, als ob er sich von ihm verabschieden wollte.

»Ich glaube Ihnen. Sie haben nichts zu versteuern. Sie können fahren.«

Ich wollte ihm noch sagen, wir hätten Ostergeschenke für unsere Lieben gekauft. Aber er war wieder schneller.

»Ich weiß, es ist alles für Ihre Kinder und Enkelkinder.« Ich zeigte auf Manuela.

»Ja, ja und sie hat die Jüngste. Fahren Sie los.«

Dann drehte er sich um und ging langsam zurück, den Kopf tief zwischen den Schultern. Endlich hatte sich auch Manuela wieder vom Fleck bewegt.

»Ist euch klar, was ihr mit dem armen jungen Mann gemacht habt? Ihr habt ihm den Glauben an die Vernunft der Frauen genommen.«

»Wieso?« wollten wir beide unschuldig wissen. »Wir haben ihm doch nur beim Suchen geholfen.«

Alle drei fingen wir an zu lachen, stiegen ins Auto und fuhren los. Da uns das Lied »Es grünt so grün, wenn Spaniens Blüten blühen«, das wir im Auto sangen, so inspirierte, beschlossen wir noch auf der Heimfahrt: Unser nächster Urlaub muss nach Spanien gehen.

Kapitel 5

Ausflug nach Burghausen

»Guten Morgen, ich hätte gerne sechs Brötchen, drei Brez'n und hiervon je zwei.« Dabei deutete ich auf die mit Schokolade und Nuss gefüllten Croissants. Die junge Verkäuferin in unserer Tankstelle packte mir alles in eine Papiertüte und wünschte Erika und mir einen schönen Sonntag, bevor sie sich ihrem nächsten Kunden in dem kleinen Backshop zuwendete.

Heute hatten wir wieder mal alle drei frei. Das kommt nicht so oft vor und darum genießen wir diese Tage besonders, weil wir dann zusammen etwas unternehmen können.

Als wir Manuelas Küche betraten, war der Tisch schon liebevoll gedeckt.

Manuela begrüßte uns beide mit einem Küsschen, dabei sagte sie: »Ihr seid richtig pünktlich heute, gerade ist der Kaffee fertig geworden.«

»Um halb sieben bin ich heute schon aufgestanden. Das Wetter ist ja super, da muss man jede Minute ausnutzen«, sagte Erika und legte die neuen Bilder aus Prag auf dem Tisch.

»Für jede ihre eigenen Fotos, ich habe sie euch gleich abziehen lassen. Hier sind sie, meine Damen.«

»Na toll, hast du deinen Fotoapparat dabei? Den wirst du heute bestimmt brauchen.« Ich legte meinen Autoschlüssel und die Sonnenbrille auf den Tisch und setzte mich an meinen Stammplatz auf der Kücheneckbank.

»Chic, chic, meine Damen. Ihr habt euch ja ganz schön rausgeputzt für heute.« Manuela zwinkerte uns zu und goss den dampfenden Kaffee in die Tassen.

»Oh, es gibt ein Gläschen Sekt zum Frühstück! Wo sind eigentlich deine Tochter und dein Mann? Ich dachte, die wollten auch mitfahren?«, fragte ich Manuela.

»Die stehen doch nicht so früh auf, noch dazu an einem Sonntag. Die schlafen noch!«, antwortete sie.

»Wenn wir um acht Uhr fahren, sind wir gegen 10 Uhr in Burghausen, wer weiß, wie der Verkehr ist. Was meint ihr dazu?«, fragte ich.

»Das schaffen wir doch leicht«, sagte Erika.

»Die Marmelade müsst ihr unbedingt probieren, die ist selbst gemacht«, forderte uns Manuela auf, als wir uns die erste Mahlzeit des Tage so richtig schmecken ließen.

»Es ist zehn vor acht. Wir müssten uns langsam fertig machen, wenn wir unseren Zeitplan einhalten wollen«, trieb ich Manuela und Erika an.

Ich war ganz aufgeregt. Seit Monaten schwärmte ich den beiden von Burghausen vor. Dort habe ich zwanzig Jahre meines Lebens gelebt. In die Altstadt und die Burg bin ich noch heute verliebt.

»Heute werde ich eure Reiseleiterin und Geschichtslehrerin sein«, sagte ich ganz stolz. »Es gibt nur ganz wenig, was ich von der Burg und der Altstadt nicht weiß. In der Schule habe ich bei Heimatkunde immer gut aufgepasst, das war mein Lieblingsfach.« Dabei glänzten meine Augen aufgeregt.

Pünktlich um acht stiegen wir ins Auto und fuhren los. Der Verkehr war ziemlich ruhig um diese Zeit, ich hatte es mir schlimmer vorgestellt. Die Landstraße entlang über Rosenheim fuhren wir am Chiemsee vorbei, Richtung Trostberg durch das kleine Örtchen Kirchweidach.

»Hier hat es schon vor dreißig Jahren genauso ausgesehen wie heute. In zirka zwanzig Minuten müssten wir in Burghausen sein«, sagte ich so nebenbei. »Bei der nächsten Kurve müsst ihr rechts durch die Bäume schauen. Seht ihr die Burg?« Ich fuhr ganz langsam und meinte: »Das ist eine meiner Lieblingsstellen.« Imposant steht die Burg da, hoch auf dem Berg, über den Dächern der Altstadt. Nicht bedrohlich, wie das bei manchen

Burgen der Fall ist. Nein, freundlich, nett wie eine riesengroße Glucke, die beschützend vom Berg schaut.

»Und das meine Damen ist die Burghauser Burg mit einer Länge von ca. 1200 Metern. Sie ist die längste Burg Europas. Und die schönste, die ich kenne.« Mit diesen Worten fuhr ich in die Stadt Burghausen. Ein riesiges Schild ›*Herzlich willkommen im Burghausen, mit der längsten Burg Europas*‹ bestätigte meine Worte.

Am Salzachufer entlang, über den Stadtplatz der Altstadt, fuhren wir den ca. 800 Meter langen Ludwigsberg hoch.

»1460 oder 1480 wurde diese Straße zu Ehren König Ludwigs von Bayern erbaut. Und als vierhundert Jahre später Kaiser Napoleon nach Burghausen kam, sagte er dazu: »Das ist die Stadt unter der Erde.«

Oben angekommen suchten wir uns einen schattigen Parkplatz und gingen über den Cura-Platz in den sechsten Burghof, wo ich mit meiner privaten Führung begann.

»Die Burg besteht aus sechs Burghöfen, wir fangen von hinten mit dem sechsten an. Seht ihr die Mauer bzw. die Mauerüberbleibsel? Merkt sie euch für später, wenn ich euch den Rest davon zeige«, sagte ich zu Erika und Manuela. »Vor ca. 1300 Jahren wurde mit dem Bau der Burg begonnen, da existierte schon die erste Siedlung auf dem Burgberg und ca. drei- bis vierhundert Jahre später stand die Burg so wie sie jetzt ist. Es ist auch die einzige Burg, die ich kenne, die noch bewohnt ist. Ganz normale Familien wohnen hier.«

»Wieso bewohnt?«, wollte Manuela wissen.

»Keine Ahnung, das war schon immer so. Einige meiner Mitschüler wohnten sogar hier.« Und meine Gedanken flogen schnell zurück. »Vierzig Jahre ist das jetzt her. Wie die Zeit vergeht!«, kam es nachdenklich über meine Lippen. Etwas lauter sagte ich: »Ich nehme mal an, die bayerische Burgen- und Schlösserverwaltung ist nicht blöd. Die sagen sich, wenn man die Räume vermietet, hat man monatliche Einnahmen und die Bewohner schauen nebenbei auf ein sauberes Erscheinungsbild.

So ist die Burganlage genutzt und es bringt Geld, außerdem ist alles gepflegt und kostet nichts. Schaut euch doch mal die Blumen an den Fenstern und in den Vorgärten an. Was würde allein das den bayerischen Staat kosten? So bezahlen das die Mieter aus eigener Tasche.«

Die beiden nickten verständnisvoll.

»Könnt ihr euch an die Landshuter Hochzeit erinnern? Damals – im 15. Jahrhundert – hat Herzog Georg der Reiche die polnische Königstochter Hedwiga geheiratet. Die beiden haben in Burghausen gewohnt. Und hier im fünften Burghof links, die kleine Kapelle dort, das ist die Hedwigskapelle, die ist etwa 550 Jahre alt. Einige Meter hinter dem kleinen Kirchlein ist ein Aussichtsturm. Da müsst ihr runterschauen. Man sieht den ganzen Stadtplatz, die Salzach – sie ist die natürliche Grenze zu Österreich. Wenn ihr wollt und wenn uns die Zeit noch reicht, fahren wir später noch rüber zum Essen.

Aber zurück zur Salzach. Sie war Ende des 12. Jahrhunderts die wichtigste Kontrollstation und der bedeutsamste Umschlagplatz des gesamten bayerischen Salzhandels. Heute noch kann man in den Sommermonaten mit sogenannten Plätten, das sind nachgebaute Salzflöße, die Salzach runterfahren. In der Regel beginnt die Fahrt in Tittmoning und endet in Burghausen. Sie dauert zirka zwei Stunden. Wir haben das einmal mit der Schule unternommen. Ich glaube, es war in der vierten Klasse. An die Zeit kann ich mich sonst kaum mehr erinnern, aber das Erlebnis auf dem Floß, wie wir die Stromschnellen auf dem reißenden Gebirgsfluss runter sind – das vergesse ich nie, es war ein tolles Gefühl.

Jetzt kommt aber weiter, ihr wollt ja was sehen, oder?«, forderte ich Erika und Manuela auf, zum nächsten, zum vierten Burghof zu gehen.

»Na, Mädels kommt euch das bekannt vor?«, fragte ich, als wir durch den Torbogen in den vierten Burghof schritten. »Hinter uns ist die Seufzerbrücke. Wenn ihr in einem eurer Vorleben Hexen gewesen seid, dann könntet ihr schon mal den Weg über die Brücke gegangen sein«, sagte ich schelmisch.

16. JAHRHUNDERT? EIN ALPTRAUM!

»Wieso Seufzerbrücke?«, wollten sie wissen.

»Na ja, um die Zeit der Hexenverfolgung bis 1770 oder 1780 wurden in dem einen der Türme Frauen, aber auch Männer, die den Herrschaften unliebsam waren, als Hexen verurteilt. Und dort drüben, in dem zweiten Turm, war eine Art Gefängnis. Dort mussten sie bis zur Hinrichtung warten, sie mussten also über die Brücke – seufzend. Die Frauen wurden meist verbrannt, die Männer geköpft. Allein von 1748 bis 1776 wurden auf dieser Burg nachweislich 1100 Todesurteile vollstreckt.«

»Was du alles weißt! Jetzt hör aber mal auf damit, mir wird ja ganz kalt, wenn ich das höre«, meinte Erika und Manuela sagte darauf: »Und mir ganz heiß.«

Erika und ich lachten laut auf. Erika schaute Manuela fragend an und meinte: »Ja, haben wir da etwa eine kleine Hexe, die vergessen worden ist?«

»Schaut mal, da vorn wird es gleich wieder erfreulicher. Links ist die Jugendherberge und rechts der Geschichtsschreiberturm. Fragt mich aber bitte nicht nach dem Namen des Schreiberlings.

Namen konnte ich mir noch nie gut merken. Aber im nächsten Burghof, im dritten, könnten wir das mit den Hexen nachprüfen«, hakte ich bei der Frage von Erika ein.

»Da befinden sich nämlich die berühmten aus Stein gemauerten Schwurfinger. Ihr stellt euch davor, ich mach ein Foto und frage noch mal ganz ernst, wie das mit der Hexe war?! Wer hier einen Meineid leistet, muss zur Seufzerbrücke zurück.«

»Eis in Sicht!«, riefen wir alle drei, als wir den zweiten Burghof betraten.

Von weitem sahen wir schon das Eis-Fähnchen vom Dach des Kiosks wehen. »Eis ist immer gut«, sagten wir uns, und jede kaufte sich eine Portion, bevor wir weitergingen.

»Die Wiese da vorn wird zum Zuschauerraum, wenn hier das Meyer-Helmbrecht-Spiel abhalten wird. Meyer-Helmbrecht war ein Bauernsohn aus dem heutigen Österreich. In der Zeit von 1170 bis 1190 plünderte, raubte und mordete er, selbst in den eigenen Reihen. Ihn wollte man ganz grausam hinrichten.

Man hatte ihm beide Augen ausgestochen, bevor man das Todesurteil vollstrecken wollte. Da hatte er einen letzten Wunsch – mit seinem Pferd zum Galgen reiten. Und da er sowieso nichts mehr sehen konnte, wurde sein Wunsch großzügig erfüllt. Die hohen Herren hatten aber nicht mit seinem Pferd gerechnet. Das sprang bei der ersten Gelegenheit mit seinem Herrn über die Burgmauer und galoppierte den Berg hinunter, schwamm durch die Salzach und brachte Meyer-Helmbrecht in den Wald von Wanghausen, das heute zu Österreich gehört.« Dabei deutete ich auf ein kleines Waldstück oberhalb der Salzach. »Die Bettler und Bauern pflegten ihn erst gesund und versteckten ihn vor Fremden, bevor sie ihn selbst am nächsten Baum erhängten.«

Andächtig hörten mir Erika und Manuela zu, sie folgten fast jeder Bewegung meiner Lippen.

»Da unten«, ich zeigte links über die Mauer, »seht ihr die kleinen Häuser dort? Das ist die Messerzeile. Das ist die älteste Straße von Burghausen, die bestand schon, als die Burg noch gar nicht vollständig erbaut war. Die ersten Häuser wurden im

Jahre 800 errichtet. In so einem Haus habe ich mit meiner Familie gewohnt.«

Langsam und bedächtig gingen wir über eine alte Holzbrücke, die früher mal eine Zugbrücke gewesen war, man konnte die Öffnungen noch sehen, wo einmal die alten dicken Ketten durchgezogen wurden.

»Boah«, rief Erika überwältigt.

»Das ist ja gigantisch«, meinte Manuela, als wir in den ersten Burghof kamen. Ich bin bestimmt schon hundert Mal, wenn nicht öfter, dort gewesen. Aber auch mich fasziniert der Anblick jedes Mal aufs Neue.

»Dieser große runde Turm vor uns ist der Burgfried. Man erzählt sich, ein Koch hatte ein Verhältnis mit der Dame des Hauses. Der Ehemann dieser Dame kam von einer längeren Reise zurück, erfuhr von dem Treuebruch und ließ zur Strafe den Koch bei lebendigem Leib in den Turm einmauern. Was mit dem Burgfräulein geschah, weiß ich nicht mehr. Man sieht also, auch im Mittelalter gab es große Eifersuchtsdramen.«

Die letzten Meter gingen wir langsamer, jede ihr Eis in der Hand und mit den eigenen Gedanken und Träumereien beschäftigt. Nur ganz kurz unterbrach ich die Ruhe nochmals, indem ich den Haupttrakt der Burg, den ersten Burghof erklärte.

»Dort rechts, in diesem Gebäude sind die Kemenaten, hier wohnten die Frauen und Kinder, links in dem Gebäude oben feierten die Ritter ihre Orgien, wenn sie zu Hause waren. Im Keller befand sich die große Küche. Weiter vorne links, das war die Schatzkammer, dahinter seht ihr die Burgkapelle. Da werden heute noch Messen abgehalten. Die ehemaligen Fest- bzw. Tanzsäle schließen die Burg ab. In diesem Teil der Burg ist nur das erste Häuschen links neben der ehemaligen Zugbrücke bewohnt, vom Pförtner sozusagen. Alles andere ist jetzt Museum. So, meine Damen, die private Führung ist beendet. Ich bitte um Applaus, bevor ich mit dem Hut herumgehe.« Diesen Worten folgte allgemeines Gelächter, bevor wir uns auf eine kleine Holzbank setzten und den Rest unseres Eises genossen.

»Schaut mal, das Schild hier!«, rief Erika aufgeregt. »Da steht *Heute freier Eintritt*. Wollen wir auch reingehen?«

»Von mir aus, ich habe nichts dagegen. Es gibt Interessantes zu sehen«, sagte ich.

»Au ja, gehen wir«, stimmte auch Manuela zu und schwupps, schon waren die beiden durch die Tür geschlüpft. Ich stand da mit meinem Eis in der Hand.

In den Abfalleimer, der vor der Tür stand, wollte ich es nicht werfen, also schob ich alles in den Mund und folgte ihnen mampfend. Wie ein Goldhamster muss ich wohl ausgesehen haben. Die Dame am Kartenhäuschen lachte mich auf jeden Fall an. Oder aus?

»Wo bleibst du denn schon wieder?«, fragte Manuela, die in der Eingangshalle auf mich wartete. »Erika ist schon die Stufen rauf.« Sie deutete nach oben.

»Mmh, mmh«, gab ich zur Antwort und deutete auf meinen vollen Mund.

»Mensch, sind die Männer früher klein gewesen. Da hätte ich ja nie eine Chance gehabt, einen zu finden, zu dem ich aufschauen könnte. Und erst mal die Anzüge, die sie anhatten. Na ja, das Bügeln konnte man sich wenigstens sparen.« Völlig in Gedanken, aber laut träumend stand Erika – die Größte in unserem Bunde – vor einer Ritterrüstung und schüttelte den Kopf.

»Einen Vorteil hatte das aber früher doch. Keine großen Waschtage, kein Bügeleisen und vor allen Dingen kein lästiges Hosenflicken«, bemerkte Manuela lachend.

»Ja, du hast recht. Ein großer Waschzuber, einen Schwamm und für alle Fälle eine Dose Rostentferner. Nicht zu vergessen, ein tragbares Schweißgerät, sollte der Liebste nicht mehr rauskommen aus seinem Anzug.

Stellt euch mal vor, wie er sich nachts in die Wohnung schleichen würde. Oder heimlich zur Freundin. Ein kleiner Schupps, er fällt klirrend um und zappelt wie eine Schildkröte, die auf dem Rücken liegt. Er wäre voll in unserer Hand. Er wäre uns

ausgeliefert«, sagte ich, wobei ein leicht sadistischer Zug meine Lippen umspielte.

Erika sah erst mich an, dann Manuela, der das Entsetzen anzusehen war. So nach dem Motto »Wie sprecht ihr denn über die holde Männerwelt?«, aber wir ehemaligen Ehefrauen dachten sofort an unsere Exmänner.

»Wasser, hier ist Wasser, schaut doch mal. Da kann man baden.« Erika schaute aus einer Schießscharte Richtung Wöhrsee.

»Das ist der Wöhrsee, früher hieß er Wehrsee und war eine künstlich angelegte Abwehr gegen Feinde. Man konnte sie so eher sehen. Die Feinde mussten den bis zu 200 Meter breiten See erst einmal überqueren. Auf der anderen Seite war die Salzach ein schwer überwindbares natürliches Hindernis. Links und rechts waren die Bewohner also durch Wasser vor ihren Feinden geschützt«, klärte ich meine Freundinnen auf.

»Wir gehen dann zum Kaffeetrinken an den See runter. Man kann auch rund um den See schön in Ruhe spazieren gehen. Es sind knapp drei Kilometer.«

Fast zwei Stunden waren wir schon im Museum, als ich zum Ausgang drängte.

Da sahen wir es.

Ein Zimmer. Mit einer Einrichtung, die bestimmt schon 250 Jahre alt war. Sofort fühlten wir uns von dem Raum angezogen. Rechts stand ein Schreibpult am Fenster. Federhalter, Tintenfass, Siegel, Wachs und Löschblattrolle, alles war an seinem Platz, so als ob der Hausherr jeden Moment wiederkäme? Daneben eine Lederottomane, ein Teetischchen und zwei wuchtige Ohrensessel.

Vor uns an der Stirnseite ein Schrank, nein, kein einfacher Schrank, ein Buffet aus Ebenholz, 2,20 m hoch, 1,30 m breit, unten vier Schubladen und vier Türen. Rundum geschnitzt, als wäre es ein kleiner Balkon, auf dem jeden Moment eine winzig kleine Truppe Soldaten ihren Wachgang beginnen würden. Der Aufsatz hatte zwei große Glastüren mit braunen, bleiverglasten Butzenscheiben. Auf jeder Seite drei quadratische Schubfächer und in der Mitte ein Geheimfach, mit denselben kunstvollen Schnitzereien, die an einen Rundgang erinnerten, wie bei dem unteren Buffetteil. Oben auf stand eine Vase in dunkelbrauner Keramik sowie eine Bronzefigur, die einen mittelalterlichen Minnesänger darstellte.

Links daneben ein großes tristes Bild, ca. 1,50 m mal 1,50 m. Zwei alte knorrige Bäume, die kahlen Äste ineinander verschlungen. Davor eine ungepflegte Wiese mit vereinzelten weißen Blumen, dahinter ein niedriger Weidezaun, eine schmale Straße, die ins Nichts führt.

Gegenüber dem Fenster ein wuchtiger Schrank ebenfalls aus Ebenholz. Vielleicht ein Wäsche- oder Geschirrschrank. In der Mitte des Raumes ein großer Tisch mit sechs Stühlen, lederbezogen und mit der gleichen Schnitzerei, die wir schon an dem Buffet sahen, versehen. Die Stühle zeigten Spuren eines langen und häufigen Gebrauchs. Sie waren edel, keine Frage, aber das Leder hatte sich stark abgenutzt.

Ein großer schwarzer Kachelofen aus italienischen Marmorfliesen vollendete die Einrichtung.

»Ob wir hier fotografieren dürfen?«, fragte Manuela.

»Ich weiß nicht. Wollen wir es riskieren?« Ich schaute mich um, als ob ich heimlich in Omas Speisekammer naschen wollte.

»Nein, lass das lieber bleiben, womöglich ist hier eine Alarmanlage installiert und löst bei dem ersten Blitz unserer Kamera aus«, meinte Erika ängstlich.

»Wisst ihr was? Ich habe doch meinen idiotensicheren Fotoapparat, der die Belichtung automatisch einstellt, da blitzt es nicht. Ihr passt auf, dass niemand kommt, und ich fotografiere«, sagte ich tapfer zu den beiden und dachte dabei an die Episode Prag, als man mich fast eingesperrt hätte, obwohl ich doch nur ein Postamt von innen fotografiert hatte.

»Halt, da kommt ein älteres Ehepaar. Passt auf, der Museumswärter ist im Anmarsch.« Manuela stand im Türrahmen und schaute mal auf den Flur, mal zu uns ins Zimmer. »Jetzt schnell«, meinte sie, »gerade ist niemand in der Nähe. Sie sind nebenan. Beeil dich.« Aber ich war schon fertig.

Ruck zuck, zwei, drei Bilder und ganz scheinheilig mit rotem Kopf gingen wir an den anderen Besuchern vorbei. Mein Herz klopfte wie wild dabei. Hoffentlich hatte uns niemand gesehen.

So muss sich ein kleines Mäuslein fühlen, wenn es der großen, dicken Nachbarskatze im letzten Moment entwischt.

»Aber jetzt kommt. Ins Museum können wir auch noch mal bei schlechtem Wetter gehen. Wir wollen doch die Altstadt und den Wöhrsee noch anschauen.« Ich strebte dem Ausgang zu.

»Josy, jetzt warte doch mal, was ist denn das für ein Zimmer?«, rief mir Manuela nach. Noch vor dem Ausgang ging es zwei, drei Stufen hinunter. Durch ein kleines Fenster lachte die Sonne. Das zweite Fenster war mit einem weißen Vorgang verschlossen.

»Keine Ahnung, schauen wir halt mal. Die renovieren und stellen öfter mal um, da gibt es immer was Neues.« Ich folgte den beiden die Stufen hinunter.

Uns blieb fast die Luft weg vor Staunen.

»Mann, das ist ja Wahnsinn«, sagte Erika, die wie immer fünf Meter voraus war. Wir standen in einer original Alchimistenküche aus dem Mittelalter. Mit etwas Phantasie konnte man das Feuer prasseln hören.

Rechts, eine Art Regal an der Wand mit verschiedenen großen Gewichten und einer Apothekerwaage. Dickbauchige Korbflaschen auf dem Boden. Ein Hocker mit einer Getreide- oder Kräutermühle darauf. An der Wand Pfannen und Schüsseln in allen Größen und Formen aus Kupfer. Ein Tisch mit zwei Stühlen und einer langen schmalen Bank an der Wand. Ein gemauerter Ofen mit einer großen Öffnung auf der Seite, in der man genügend Platz hatte zum Holz nachlegen. Ein großer geflochtener Korb mit Reisig davor. Auf der mit Ziegelsteinen abgedeckten Feuerstelle standen zwei kupferne Tiegel mit eisernen Zangen darin. Eine Aufhängung rund um den Ofen, an der Zimmerdecke angebracht, wurde so ein praktischer Aufbewahrungsort für Reibeisen, Kochlöffel, Schöpfkellen usw. Auf dem einen Fensterbrett stand ein hölzernes Fass für Gurken, Essig oder andere Essenzen. Daneben eine Schüssel, wie man sie früher vielleicht zum Reinigen der Hände benutzte.

»Das müsste man fotografieren, aber so nah am Eingang?«, sagte ich zweifelnd. Wir waren ganz alleine. Die Leute rund um uns gingen vorbei, als würden sie uns und die kleine Hexenküche gar nicht sehen.

»Ich traue mich nicht«, sagte ich, als uns der Museumswärter lächelnd entgegenkam. Wir waren schon am Ausgang, da nahm ich mein Herz in beide Hände, ging auf ihn zu und fragte ganz tapfer: »Entschuldigung, ich hätte eine Frage: Das Museum hier ist so schön, da darf man wohl keine Fotos machen, oder?« Dabei warf ich ihm den unschuldigsten Blick zu, den ich auf Lager hatte.

»Aber sicher, bei uns dürfen sie alles fotografieren, was Ihnen gefällt«, sagte er ganz liebenswürdig mit einem Augenzwinkern.

»Manu, Erika!«, rief ich total aufgeregt vor Freude. »Los, zurück in die Küche und dann ins ehemalige Schlafzimmer! Wir dürfen Bilder machen, ich habe gefragt.« Eine halbe Stunde und zwei volle Filme später verließen wir glücklich das Museum und machten uns wieder auf den Weg.

Über das Geistwirtsgassl, das ist eine kleine Gasse, welche die Hauptburg mit der Altstadt verbindet, marschierten wir fröhlich lachend nach unten.

Ich zeigte meinen beiden Freundinnen, wo ich zur Schule gegangen bin, das Haus, in dem wir gewohnt hatten, und noch weitere Sehenswürdigkeiten, meist mit einer kurzen Geschichte dazu. Von früher und von heute.

Gegenüber dem ehemaligen Mautnerschlösschen blieb ich wieder stehen.»Könnt ihr euch noch an die Mauerreste erinnern, die ich euch vorhin zeigte? Schaut mal da hinauf, hier sind die gleichen Mauerstücke. Das war mal vor fünfhundert Jahren die Stadtmauer von dieser Seite. Wo unser Auto steht, war die andere Seite der Stadtmauer. Wir werden noch zwei Mauerreste sehen, die euch zeigen, Burghausen war von allen Seiten gesichert. Es war unmöglich, diese Burg mit ihrem kleinen Städtchen zu erobern. Allerdings gab es im 14. und 15. Jahrhundert einige Brände, die einen Teil der Altstadt in Schutt und Asche legten.

Am Wöhrsee machten wir eine kurze Pause. Wir saßen in der Sonne und genossen ein kühles Getränk und einen kleinen Imbiss, den uns die freundliche Kellnerin servierte.»Schade, dass wir zu wenig Zeit haben und unsere Badesachen zu Hause sind. Sonst könnten wir eine Runde schwimmen.«

Der See hatte eine Wassertemperatur von 19 Grad, war vorne am Eingang des Bades zu lesen.

Wir marschierten weiter, erst rund um den See und dann wieder rauf zum Burgende, wo wir das Auto geparkt hatten.

Erika stürmte wie immer voraus. Manuela und ich quälten uns die letzten Meter hoch, dabei schnauften wir wie zwei alte Dampfzüge.

»Jetzt schau dir mal die Erika an. Sie die einzige Raucherin, steigt da hoch, als wäre es nichts und wir als Nichtraucherinnen pusten uns die Lunge aus dem Leib. Ich verstehe das nicht. Irgendetwas machen wir falsch«, sagte ich bei einer kleinen Rast zu Manuela, bevor wir die letzten Stufen nach oben nahmen.

»Ja, stell dir vor, wir wären jetzt ein Jahr früher hier, da hast du doch auch noch geraucht und zwar nicht wenig«, meinte Manuela.

»Da hast du recht, mein liebes Fräulein, aber da wäre ich bestimmt nicht den Berg zu Fuß raufgegangen, dann wären wir nämlich mit dem Bus gefahren und ihr hättet die Schönheiten nur von oben gesehen«, gab ich ihr lachend zur Antwort.

Der Ausblick von oben entschädigte uns für die Strapazen des anstrengenden Marsches.

»Seht mal dort hinten rechts. Das ist das Herzogsbad, hier wurde ein Teil des Kinofilms nach Ludwig Thomas ›Lausbuben-Geschichten‹ gedreht. Das alte Herzogbad wurde aber schon vor Jahren abgerissen.«

Dabei dachte ich kurz zurück an das alte gelbe Gebäude, das an anderen Ende des Wöhrsees gestanden hatte. Ein kleiner Zeltplatz war davor. Eine Schulfreundin wohnte vor vielen Jahren da.

Wir haben öfter mit ihren Eltern vor dem Haus gegrillt und durften lange aufbleiben. Zum ersten Mal habe ich damals in einem Zelt geschlafen. Lang, lang ist's her.

Laut sagte ich: »Ludwig Thoma ist hier in Burghausen zur Schule gegangen. In das Kurfürst Maximilian Gymnasium und da wurde auch ein großer Teil des bekannten Filmes gedreht.«

Langsam fuhren wir durch die Altstadt in Richtung Österreich. Meine beiden Freundinnen waren begeistert von dem Anblick: die Häuserreihe an der Salzach, dahinter etwas höher liegend die Messerzeile mit der Jakobs-Kirche und die Burg, erhaben über der Stadt in ihrer vollen Länge.

Freundlich, von weitem schon winkend, begrüße mich die Wirtin eines kleinen Ausflugslokals.

Seit 40 Jahren besuchte ich in unregelmäßigen Abständen den gemütlichen Ort in unserem österreichischen Nachbarland.

Mein Vater hat mich schon als kleines Kind hierher mitgenommen. Für uns war das immer ein lustiger Wandertag, wobei wir immer hier einkehrten und Brotzeit machten. Damals mussten wir die zehn Kilometer zu Fuß gehen, denn wir besaßen zu der Zeit noch kein Auto. Die Tradition habe ich dann mit meiner eigenen Familie beibehalten. Und heute? Ja, heute fahre ich mit dem Auto, um die obligatorische Brotzeit zu machen, jedes Mal nachdem ich das Grab meiner Eltern besucht habe. Es hat sich nicht viel verändert.

Wir saßen am Tisch, eine große Platte mit Schwarzgeräuchertem und einen Korb mit frischem, selbst gebackenem Brot vor uns, als plötzlich Manuelas Handy uns aus der wohlverdienten Ruhe riss. Da sie uns und die umsitzenden Gäste nicht belästigen wollte, entfernte sie sich einige Meter von uns, in Richtung Parkplatz.

Ein älterer Herr, der mit seinem Schäferhund am Nebentisch saß, meinte: »Ihre Freundin hat ein eigenes Telefon dabei? Die ist bestimmt eine wichtige Person.« Dabei deutete er auf Manuela, die etwa zwanzig Meter von uns weg stand.

Erika und ich kicherten wie zwei alberne Schulmädchen. »Ja, sie hat Notdienst«, schwindelten wir. »Sie ist schon wieder mal aus dem Krankenhaus weg. Sie ist normalerweise in Haar in der Psychiatrie.«

Wir waren sehr ernst bei dieser Aussage und winken dabei Manuela zu. »Was? Ist sie abgehauen? Aus der Irrenanstalt?« Unser Tischnachbar hatte da etwas falsch verstanden. Wir starrten uns erst fragend an, bis wir merkten, was er damit meinte.

Erika sah das Teufelchen in meinen Augen und wusste, das würde mein Auftritt werden.

»Ach, sie ist eigentlich nicht gefährlich, wir holen sie öfter mal ab zu einem Ausflug und bringen sie hinterher wieder zurück«, sagte ich mit vollster Überzeugung.

»Man darf sie nur nicht erschrecken oder laut ansprechen, aber auch dann macht sie eigentlich nichts und bleibt ganz friedlich.« Erika konnte mir schon nicht mehr zuhören, sie versteckte sich hinter ihrer Serviette und lachte, bis ihr die Tränen kamen. Ich war ganz ruhig, als sich Manuela wieder zu uns an den Tisch setzte.

»Was habt ihr denn?«, fragte sie. »Ihr habt doch jetzt von mir gesprochen, oder?« Jetzt fing ich an zu lachen, als Erika flüsternd von dem Missverständnis erzählte.

»Was? Ich soll verrückt sein?« Sie zog ihren rechten Schuh aus und drohte mir damit über den Tisch. Der Schäferhund am Nebentisch bellte einmal laut auf und legte sich gleich wieder auf den Boden. Er merkte sofort, da passiert nichts. Aber sein Herrchen wurde nervös. Nicht erschrecken, nicht laut sein, das hatte er natürlich im Kopf. Sein Gesichtsausdruck sprach Bände, dabei machte er mir unverständliche Handzeichen. Mit einem verstehenden Blick und einem Kopfnicken versuchte ich ihn zu beruhigen.

Laut sagte ich: »Meine liebe Manuela, entweder du benimmst dich jetzt sofort, wie es sich gehört, oder wir bringen dich auf der Stelle zurück ins Krankenhaus. Den Pumuckl darfst du auch nicht mehr sehen, ist das klar.«

Manuela fing an zu lachen. Sie schüttelte sich nur so vor Lachen. Da der ältere Herr sie nur von hinten sah, konnten wir mit unserem Theater weitermachen.

»Ist ja gut, du brauchst doch nicht gleich so zu weinen«, tröstete Erika und fuhr ihr mit einem Taschentuch durchs Gesicht und legte den Arm um Manuela. Schnell trank der Mann vom Nebentisch sein Glas leer und verabschiedete sich mit einem wehmütigen Blick auf Manuela.

»Dem habt ihr ja einen ganz schönen Bären aufgebunden«, meinte die Wirtin lächelnd, als sie den Tisch abräumte.

»Nein, wir haben ihm nur nicht widersprochen. Er muss da was falsch verstanden haben. Aber seine Gedanken hätte ich zu gern gelesen, als der Hund zu bellen anfing«, sagte ich mit einem Blitzen in den Augen. Kurze Zeit später machten uns auf den Heimweg.

Unser Tagesausflug war vorüber.

Kapitel 6

Das Glückshotel

Es dürfte so gegen zehn Uhr morgens gewesen sein, als wir von der spanischen Autobahn abfuhren. »Nach etwa 30 Kilometern müssten wir Lloret de Mar schon sehen bzw. das Schwimmbad mit der riesengroßen Wasserrutsche auf der rechten Straßenseite. Oder links ? Schaut da raus, wenn ihr die Go-Cart-Bahn seht, dann ist es nicht mehr weit.«

Wie immer, wenn ich mich auf etwas freue, sprudelten die Worte nur so aus mir herraus. Ich war fürchterlich aufgeregt.

Seit zwanzig Jahren kenne ich den wunderschönen Badeort an der katalonischen Ostküste, zirka achtzig Kilometer nördlich von Barcelona.

Damals, als ich das erste Mal dort war, hat mich die kleine Stadt sofort verzaubert. Das war im März 1981, seitdem komme ich sporadisch alle zwei bis drei Jahre nach Lloret de Mar. Es hat sich mit der Zeit einiges verändert.

Es wurde gebaut, vergrößert, renoviert und modernisiert.

Die kleine Straße vom Busbahnhof zum Strand, die damals noch vom Abwasserkanal geteilt und mit kleinen Brücken wieder verbunden wurde, gibt es nicht mehr. Eine neue, breite Straße, fast ein Boulevard, ist an dieser Stelle entstanden, die jeweils mit einem bepflanzten Rondell abschließt und in einem Kreisverkehr mündet. Natürlich ist das eine Verbesserung, denn die unangenehmen Gerüche, die der Wind durch die verträumten Gassen wehte, gibt es nicht mehr, seitdem die neue Kanalisation vorhanden ist.

Aber meine alten Erinnerungen waren wieder da und die mussten sich jetzt Manuela und Erika anhören, ob sie wollten oder nicht. Ich redete und redete ohne Punkt und Komma.

Kurz vor dem Ortseingang stoppte unser Bus und eine deutschsprachige Señorita stieg ein. Wie wir schnell bemerkten, war es eine spanische Mitarbeiterin unseres Reiseunternehmens, die ihre Liste der Hotels mit den Namen unserer Mitfahrer verglich. Außerdem spielte sie für unsere Busfahrer die Führerin zu den Hotels.

Wir drei, Erika, Manuela und ich, saßen auf unseren Plätzen wie kleine Kinder, die aufs Christkind warten. Ganz ruhig und brav warteten wir auf den Namen unseres Hotels. Scheibenkleister, »Glückshotel« war alles, was die junge Frau von sich gab. Man wollte es wohl sehr geheimnisvoll machen.

Da ich schon oft, bestimmt neun bis zehn Mal, in Lloret gewesen war, hoffte ich das Hotel zu kennen. Wir fuhren jetzt verschiedene Unterkünfte an und wurden immer weniger Personen.

Kein mir in Erinnerung gebliebenes Hotel wollte uns haben, an allen fuhren wir vorbei. Bis wir an einer bekannten Bushaltestelle ankamen.

»Bitte alle aussteigen, ihr werdet von einem hoteleigenen Kleinbus abgeholt, der euch direkt in eure Unterkunft bringt.«

»Ich bin ja gespannt, wo wir hinkommen. Glaubt ihr, wir haben ein schönes Zimmer? Wunderbar wäre es, wenn wir das Meer sehen könnten, vom Balkon aus, meine ich, hier hat fast jedes Zimmer einen Balkon.« Und wieder klärte ich die beiden anderen auf. Alles, aber auch wirklich alles, wollte ich ihnen zeigen und wenn möglich auch noch alles sofort, gleich nach dem Auspacken.

Wo bitte blieb unser Hotelbus? Jetzt standen wir schon seit zwanzig Minuten neben unseren Koffern und Reisetaschen. Na gut, wir hatten ja Zeit, wir hatten ja Urlaub.

Manuela schaute verträumt in die Richtung, in die unser Reisebus verschwunden war. Erika rollte ihren Koffer an eine Hauswand, lehnte sich dagegen und zog genüsslich an ihrer Zigarette, den Fotoapparat um ihren Hals und die Augen auf alles gerichtet, was sich nur irgendwie bewegte. Ich setzte mich auf meine

Reisetasche. Der Koffer wäre zwar bequemer gewesen, aber der war neu, den musste ich schonen. Unsere Reiseunterlagen und meinen Strohhut in der Hand unterhielt ich mich mit Letzterem, der hörte mir wenigstens zu. Kaum sah ich ein Auto blinkend in die Parkbucht fahren, sprang ich auf und lief mit den wedelnden Papieren auf den Fahrer zu. »Buenos dias, Señor. Glückshotel? Tres personas?« Doch sie schauten mich nur verwundert an und schüttelten den Kopf. Nach Erikas dritter Zigarette und Manuelas zehntem Seufzer ratterte ein VW-Bus an die Kreuzung. Mit quietschenden Reifen und qualmendem Auspuff kam er vor uns zu stehen. Einen kurzen Augenblick hob ich den Kopf, sah zu dem einmal weiß gewesen Auto und senkte sofort meinen Blick. Die beiden anderen dachten wohl dasselbe wie ich. Wir drei sahen alle in eine andere Richtung, denn wir waren alle der Meinung: Das kann er nicht wirklich sein, unser Abholservice. – Er war es!

Grimmig blickend saß der noch junge Mann, wir schätzten ihn auf Anfang dreißig, hinterm Steuer.

»Glückshotel«, rief er aus dem offenen Autofenster und zog dabei die Handbremse an, dass es nur so krachte.

Verstohlen sahen wir drei Grazien uns an und bevor wir ein schüchternes »Buenos dias« hervorbrachten, waren unsere Koffer und Reisetaschen schon im Kofferraum.

Er hielt uns die Schiebetüre auf, die sich ohne menschliches Zutun wieder wie von Geisterhand schloss. Oder hatte diese kleine schmutzige Tür nur keinen Haltezapfen?

Erika fasste sich als Erste wieder, als wir nach einer endlosen Kamikazefahrt durch die Stadt, zwischen parkenden Autos, spazierenden Urlaubern, geschäftigen Einheimischen hindurch und an einigen roten Ampeln vorbei mit rauchendem Kühler vor unserem Glückshotel standen.

»Da haben wir wieder mal Glück gehabt, wir sind gesund angekommen, unsere Koffer sind noch da, keine Tür hat sich von selbst geöffnet, alle Reifen sind noch dran am Auto, wir sind weit weg vom lärmenden Badestrand, wir haben 14 Tage Urlaub. Herz, was begehrst du mehr?!«

Zielsicher marschierten wir die acht Stufen nach oben in Richtung Rezeption.

»Wir sind ein kleines Familienhotel mit 24 Zimmern. Bitte kommen Sie pünktlich um 8.30 Uhr zum Frühstück und um 19.00 Uhr zum Abendessen, um unangenehme Zwischenfälle zu vermeiden. Ihr Zimmer liegt im dritten Stock links, das ist Ihr Zimmerschlüssel, bitte immer an der Rezeption abgeben, wenn Sie das Hotel verlassen. Ihre Reisepässe, bitte. Für Ihr Gepäck können Sie den Lift neben der Telefonzelle benützen.«

Das war's.

Wir schauten uns gegenseitig mit großen Augen an.

»O Gott, wo sind wir denn da gelandet, in einem Heim für schwer erziehbare Jugendliche?« Erika fing an zu lachen. »Fast wie vor 30 Jahren bei uns in Prag.«

Manuelas Augenbraue begann zu zucken, das war kein gutes Zeichen.

„7 MINUTEN ZU SPÄT!“

Erika, die schmalste und leichteste von uns, schickten wir mit dem Aufzug und unserem Gepäck nach oben. Manuela und ich nahmen tapfer die vielen Stufen nach oben zu Fuß. Die letzten Meter keuchten wir aus dem tiefsten Grund unsere Lunge. Was war das für eine Freude, als wir drei zur selben Zeit oben ankamen. Was für ein Glück, so waren wir wieder zusammen.

Zimmer 318 war das dritte von sechs Zimmern. Wir hatten genau in der Mitte der Suiten unser Glückszimmer. Für diesen Urlaub bekam Manuela die Schlüsselgewalt.

Vorsichtig und mit größter Anspannung sperrte sie die Tür unseres zukünftigen Gemachs auf. Kein Laut kam über unsere Lippen, selbst ich war für einen Augenblick still. Manuela tapfer voraus, dann ich mit meinem Hut in der Hand, als sollte er mich vor unerwarteten Geschehnissen schützen, hinter mir Erika, pfeifend, so liefen wir im Gänsemarsch durch das Vier-Bett-Zimmer, auf den Balkon, zurück ins Bad, in die angrenzende Toilette und wieder zurück.

»Also ich meine, da kann man nicht meckern. Für den Preis, den wir bezahlt haben, ist es auf den ersten Blick annehmbar.« Ich redete schon wieder mit mir alleine. »Welches Bett wollt ihr?«

»Ich nehme das neben der Balkontür. Ihr habt doch nichts dagegen oder?«, fragte uns Manuela.

Wir schüttelten den Kopf. Ich breitete mein Nachthemd auf dem zweiten Ehebett aus und Erika verliebte sich in das Etagenbett.

»Ich nehme dieses Bett. Da kann ich heute oben und morgen unten und übermorgen oben und unten schlafen.« Es erinnerte sie an ihre Jugendzeit. Damals musste sie ein solches Bett mit ihrer Schwester teilen. Nie durfte sie oben schlafen.

Wir fühlten uns wie im Schullandheim. Nur drei Minuten wollten wir die Matratzen ausprobieren und darum legten wir uns schnell auf die Betten. Manuela und ich hatten ganz bequeme Betten.

Der alte Optimismus war sofort wieder da. Wir machten für den Tag eine Art Stundenplan.

Plötzlich fiel uns auf, dass Erika so still geworden war. Mit weit aufgerissenen, ängstlichen Augen starrte sie uns an, bis sie ganz langsam verschwand. Trotz Bettdecke und Matratze hielt der Lattenrost dem 47 Kilo Fliegengewicht unserer Erika nicht stand. Oder genau wegen Bettdecke und Matratze ? Im unteren Bett hatte Erika sich nur kurz ausruhen wollen, aber langsam verschwand sie immer weiter nach unten, bis sie endlich am Boden der Tatsachen ankam. War das ein Hallo und Gelächter, als wir versuchten, sie zu zweit mit Gewalt dem hinterlistigen Lattenrost zu eintreißen. Wir haben es geschafft. Was für ein Glück!

Aus Sicherheitsgründen entschieden wir uns für die Dauer unseres Urlaubs einen Bettenumbau. Der Lattenrost vom oberen Bett wurde mit dem des unteren Bettes ausgewechselt. Schade für Erika. So blieb wohl für sie der obere Teil eines Etagenbetts weiterhin ein Geheimnis mit sieben Siegeln. Vielleicht klappte es ja, wenn sie Oma würde. Ich bin mir fast sicher, ihre Enkel werden von ihr ein Etagenbett bekommen.

Nach diesem Zwischenfall beschlossen wir, sofort die Koffer auszupacken, bevor wir es uns noch anders überlegten. Einen Safe zu mieten war meine Aufgabe, anschließend wollten wir gleich an den Strand.

Bis zum Abendessen hatten wir noch sechs Stunden.

»Sucht ihr schon mal die Badesachen zusammen«, sagte ich zu den beiden, bevor ich aus der Tür verschwand. Der Zerberus von vorhin war weg. Dafür nahm jetzt ein Señor den Platz des Portiers ein.

Was für ein Glück, er kannte genau fünf deutsche Wörter. Oder lag es an meinem bayerischen Dialekt, dass er mich kaum verstand? Ja, nein, Speisesaal, Essen und Bar, das war sein kompletter Sprachschatz in der Kategorie Fremdsprache.

Dennoch war er sehr hilfsbereit und freundlich. Außerdem lachte er ständig. Dabei kam ein goldener Stiftzahn zwischen seinen Bartstoppeln zum Vorschein. Ich glaube, dieser Mann war der Opa, also der Senior des Hauses.

Nur, was ich von ihm wollte, verstand er überhaupt nicht. Mit Händen und Füßen zeigte ich ihm, was ich wollte. Er verstand nichts.

Ich fragte:»Entschuldigung, haben Sie einen Safe für Ihre Gäste?«

Er zeigte mir den Weg zur Toilette.

»Nein, ich meine einen Tresor.« Dabei zeigte ich ihm meine Brieftasche.

Er brachte mich zu einem gelben Postkasten.

Ich schüttelte wieder meinen Kopf, aber schon fiel mir etwas Neues ein.

Jetzt zeigte ich auf mein Portemonee, auf meine Armbanduhr und auch meine Ohrringe durfte er sehen, außerdem machte ich Schließbewegungen mit dem Zimmerschlüssel und was soll ich sagen, er begriff, was ich wollte.

Mein Gott, jetzt hat er's. Fast hätte ich angefangen zu singen.

Als ich nach 30 Minuten wieder nach oben kam, fragte mich Erika:»Sag mal Josy, hast du dich verlaufen? Wo warst du denn so lange? Gibt es nun einen Safe zu mieten?«

Stolz zog ich den schwer erarbeiteten Tresorschlüssel aus meiner Hosentasche.»Es hat ein bisschen länger gedauert, bis man begriffen hatte, was ich wollte. Jetzt sitzt nämlich ein Mann an der Rezeption, der versteht kein Deutsch oder zumindest kein Bayrisch. Dafür habe ich schon den Speisesaal, die Toilette und einen Briefkasten gesehen. Eine Bar müsste ebenfalls im Haus sein, wahrscheinlich im Keller, da zeigte jedenfalls ein Pfeil mit der Aufschrift BAR eine Treppe nach unten. Und jede Menge Verbotsschilder sind angebracht. Meine Damen, ich weiß zwar nicht, wo wir hier gelandet sind, aber unser Hotel Palme in Venedig war das reinste Erholungsheim dagegen.

Auf den Zimmern dürfen kein Alkohol und keine Speisen konsumiert werden, die außer Haus gekauft wurden. Im Speisesaal sowie in der Hotelhalle herrscht Rauchverbot.«

Arme Erika, ich fühlte mit ihr und warf ich ihr einen mitleidigen Blick zu.

Sogleich fuhr ich mit meinem Rapport fort:»Hunde, Roller-skates und Eis in der Tüte sind ebenfalls in der Halle und im Speisesaal verboten. Es muss aber irgendwo im Haus ein Swim-mingpool sein, ich habe ein Schild gesehen, mit Badeanzug oder nassen Badeschlappen Zutritt verboten.«

»Und wie kommst du jetzt darauf, dass es deshalb einen Pool im Haus gibt?«, fragte Manuela.

»Das ist doch logisch«, meinte ich, »da das Meer ungefähr drei Kilometer von hier entfernt ist, kann ich mir nicht vorstel-len, dass die Gäste dieses Glückshotels mit Badeklamotten durch den ganzen Ort marschieren. Sie hätten dann auch keine nassen Badeschuhe mehr, die wären doch bis hierher schon wieder tro-cken, oder? Also meine Damen, seid ihr bereit? Wir gehen auf Poolsuche.«

Fünf Minuten später pirschten wir uns schon durch die Flure. Nein, nicht wild durcheinander, sondern schön gesittet, eine nach der anderen. Ich als Kleinste, in Zentimetern gemessen, voraus.

Erika, die Dünnste in unserem Bund, hinter mir und Manu-ela hielt uns als Nachhut den Rücken frei.

Treppab, treppauf, jeden Flur entlang. Dem Lift vertrau-ten wir nicht so ganz, wer weiß, wo wir dann landen würden, womöglich im Keller, in einem Verlies für schwer erziehbare Mädchen.

Drei Stockwerke höher fanden wir eine offene Tür. Gekenn-zeichnet war eigentlich nichts. Aber wir hörten Stimmen, und fröhliches Lachen versprach uns Spaß. Also nichts wie hin. Wir wollten auch lachen und Spaß haben.

Rechts von uns war ein großes Fenster, links eine Tür und in der Mitte des Flurs führten fünf Stufen nach oben. Aus der Tür roch es nach Arbeit, eine Waschmaschine war eben im Schleu-dergang. Daneben hörten wir das typische Geräusch und den Geruch einer Wäschemangel. Nein, dort wollten wir nicht hin.

Wir folgten den Stufen aufmerksam nach oben und das Lachen wurde immer deutlicher. Wir trauten unseren Augen nicht.

Ein künstlicher Rasen und ein Pool von der Größe eines Sandkastens, zwei auf drei Meter, acht verrostete Liegestühle, und an jeder Seite ein Abfallkorb, das war im ersten Moment alles, was wir sahen. Wir hatten ihn gefunden. Den Pool auf der Dachterrasse.

»Schaut mal, dahinten«, rief Erika, »da stehen ja Palmen!« Bei näherem Hinsehen merkten wir, dass diese künstlich waren, was eigentlich ja kein Problem gewesen wäre, wenn wir den Platz hätten betreten dürfen. Wir kamen nicht umhin, die Eisenkette mit dem Schild – *BETRETEN VERBOTEN* – zu lesen. In drei Sprachen.

Außerdem flatterte fast die ganze Hotelwäsche im Wind. Es war alles mit Wäscheleinen verhängt.

Nein, es war nicht kalt, aber vom Meer her wehte immer eine kleine Brise. Schließlich hatten wir ja auch Mitte Oktober. Bei uns zu Hause in den Bergen, da lag schon Schnee.

Ich war mit meinen Gedanken schon wieder ganz woanders, als Erika plötzlich laut auflachte und rief: »Hey Mädels, schaut mal, was da hängt, ein Schild mit Gebots- und Verbotsschildern, das müssen wir unbedingt fotografieren, das glaubt uns sonst zu Hause kein Mensch.«

»Lass mal sehen«, meinte auch Manuela. »Tatsächlich, es ist alles bebildert, damit es auch bestimmt jeder versteht. Also meine liebe Josy, da du deine Brille wieder mal nicht auf der Nase hast, wo sie eigentlich hingehört, werde ich dir vorlesen und übersetzen.«

Dabei wandte sie sich an mich und hob den bösen, bösen Zeigefinger, der nur für ganz unartige Mädchen war. Dann sagte sie mit ernster Stimme: »Also du darfst nicht ins Wasser springen.« Ich nickte artig mit dem Kopf.

»Du darfst auf keinen Fall hier mit Rollschuhen auftauchen, du darfst keine Sonnencreme bzw. -milch auf die Liegestühle kleckern und nicht mit hoteleigener Wäsche auf die Dachterrasse. Du darfst hier kein Eis essen, nicht mit Glas werfen, nicht mal auf die Idee kommen. Und Ball spielen, weder im Wasser noch im Freien, ...«

»Ich will weg hier, ich will wieder nach Hause«, jammerte ich vor mich hin.

»Nein, du bleibst noch 14 Tage hier, in diesem wunderschönen Glückshotel«, sagten jetzt Erika und Manuela wie aus einem Munde. »Strafe muss sein.«

»O.K., ist ja gut, aber dann gehen wir jetzt an den Strand. Ich muss euch unbedingt ein Café zeigen und die eiserne Jungfrau und eine wunderbare Aussicht, wo es die besten Erdbeerkuchen gibt.« Ich war schon wieder voll in Fahrt.

»Das sind vier verschiedene Plätze, das reicht aber für heute«, meinte Manuela.

»Den Rest machen wir dann morgen«, versuchte Erika einzulenken, »wir sind doch gerade erst angekommen und haben noch dreizehn lange Tage vor uns.«

Nach dem Abendessen, das erstaunlicherweise sehr gut war, gingen wir in die hauseigene Hotelbar.

Die allerdings legten wir eine halbe Stunde später in unseren Tagebüchern in die Rubrik Lebenserfahrung und hakten sie großzügig ab.

Flamenco

»Wir müssen uns morgen als Erstes einen Tisch für drei Personen im *La Cabrador* bestellen«, sagte ich zu Erika und Manuela.

»Was willst du denn dort? Oder besser gesagt, was ist das?« Manuela war nicht besonders gut auf meine Überraschungen zu sprechen.

»Ach ja, ich muss euch erst mal aufklären. Das *La Cabrador* ist ein typisch spanisches Lokal, in dem Flamencotänze, Zigeunermusik und Zauberei vorgeführt werden. Außerdem treten wirklich bekannte Sänger und Sängerinnen auf. Durch Zufall lernte ich damals, als ich zum ersten Mal dort war, jemanden kennen, der mich mit Frank, dem Besitzer des Lokals, bekannt machte. Seitdem besuche ich ihn jedes Mal, wenn ich in Lloret bin. Er ist ungefähr 60 Jahre alt und spricht sehr gut deutsch. Insgesamt spricht er sogar zehn oder elf Sprachen fließend. Er macht keine großartige Werbung für sein Haus, Mundpropaganda ist seine Devise. Man kennt ihn und seinen Club auf der ganzen Welt. Ihr müsst mit mir da hingeht. Den Abend vergesst ihr bestimmt nicht mehr. Übrigens, die letzten drei Musiker von den Original *Los Paraguayos* spielen noch heute bei ihm. Ich kann mich noch gut an die komplette Band erinnern. Wir saßen oft bei einem Glas Wein nach der Show zusammen. Wollt ihr mit mir hingehen? Ich geh auf alle Fälle. Schon aus Tradition. Einen Platz sollten wir aber bestellen, wenn wir zu dritt gehen. Es ist meist alles ausgebucht.«

»Wenn das so toll ist, wie du sagst, sind wir natürlich dabei, das ist doch klar. Wann willst du denn dort hin?«

»Schauen wir halt mal. Wir können ja morgen nach dem Abendessen einen Spaziergang zu ihm machen. Da wird sowieso erst ab 21 Uhr geöffnet. Dann könnten wir ja gleich reservieren.«

Also morgen nach dem Abendessen. Wir waren uns wieder mal einig.

»Also, Josy, ich weiß zwar nicht, wo du uns hinführst, aber bist du dir sicher, dass wir den restlichen Weg zu Fuß gehen?«, fragte mich Manuela.

Ich sah ihren skeptischen Blick und konnte ihr glaubhaft versichern: »Aber ja doch. Bei der nächsten Kreuzung müssen wir nach rechts.« Ich mache eine Bewegung mit der rechten Hand. »Dann sind es noch zwei oder drei Kurven und wir müssten am Pariser Platz landen. Von dort sind es noch ungefähr hundert Meter«, gab ich zurück.

Keine fünf Minuten später sagte Erika: »Da ist der Pariser Platz, ich kann das Schild schon lesen.«

»Siehst du«, sagte ich jetzt, »ich habe mich doch nicht verlaufen. Sollte so etwas wirklich einmal passieren dann nur mit dem Auto. Bars und alles, was zur Kategorie Essen, Trinken, Vergnügen gehört, finde ich immer sofort.«

Erika und Manuela sahen mich an und fingen sofort an zu lachen.

»In dieser Richtung«, ich deutete nach halb rechts, »müsste ein Reklameschild mit einem weißen Ziegenbock drauf sein. Seht ihr es?«

»Du hast ja recht. Aber wäre es nicht wesentlich besser, du würdest deine Brille auf der Nase anstatt in deiner Tasche tragen?«, sagte Manuela.

»Wisst ihr was, da es erst 20 Uhr ist und Frank vor 21 Uhr gar nicht öffnet, setzen wir uns da drüben in das Café oder noch besser an einen Straßentisch. Wir beobachten die Leute, lästern ein bisschen und trinken einen guten Veterano.«

»Wer ist Veterano? Passt der zu unserem Alter?«, lachte Erika.

»Veterano passt fast zu jedem Alter Es ist ein guter spanischer Weinbrand.«

»Du trinkst Weinbrand?« Manuela war entsetzt »Seit wann? Ich dachte immer, wenn schon Alkohol, dann keinen gefärbten. Josy, es tun sich Abgründe vor mir auf.«

»Meine liebe Manuela, ich kann dich beruhigen, spanischen Weinbrand gibt es für mich nur in Spanien.«

»Meine Süßen, es ist 21 Uhr. Ihr bleibt hier sitzen und ich gehe mal vor und schaue, was sich machen lässt. Wir haben noch morgen, am Donnerstag und Samstag und Sonntag frei. Wann passt es euch am besten ? Oder wann ist es euch lieber, dass wir uns die Show ansehen?«

»Mach einfach etwas aus, wir verlassen uns ganz auf dich!« Ich hatte also die Entscheidungsfreiheit. Na, dann los.

Die Tür zur Straße hatte ich noch nicht geschlossen, da standen die Mädels vor mir. Sie waren mir einfach nachgegangen.

»Sag mal, wo treibst du dich rum. Wir warten schon seit 20

Minuten vor der Tür, solange dauert doch keine Tischbestellung. Hey, wir haben uns Sorgen gemacht.« Beide redeten gleichzeitig auf mich ein.

»Ist ja gut, ich hab mich nur ein bisschen unterhalten. Wenn ihr wollt, können wir gleich reingehen. Frank hat mich sofort wiedererkannt. Er wusste zwar meinen Namen nicht mehr auf Anhieb, aber er wusste, wer ich bin, woher ich komme und dass ich mich seit zwei Jahren nicht mehr hab sehen lassen.«

Na ja, so ganz haben sie mir wohl nicht geglaubt. Ich sah es ihnen an.

Aber dann ging hinter mir die Tür auf und der Herr des Hauses stand neben mir. Mit einem Handkuss begrüßte er meine Freundinnen, dann legte er den Arm um meine Schulter und sagte: »Wie immer sind wir Gott sei Dank ausverkauft. Aber für besondere Gäste hab ich immer einen Platz frei. Wenn ihr wollt, dann kommt rein.« Er nickte Erika und Manuela freundlich zu, brachte uns zur Eingangstür und mit den Worten: »Das sind besondere Gäste, bring sie an meinen Tisch«, übergab er uns an den Oberkellner.

»Ihr bleibt aber hinterher noch auf ein Gläschen Champagner?! Ich muss doch wissen, wie es dir geht. Es gibt viel zu erzählen.« Er blinzelte mir kurz zu und schon war er wieder weg.

Ich glaube, meine Freundinnen waren schon ein kleines bisschen beeindruckt.

Wir waren die ersten Gäste im Lokal. Der Kellner brachte uns an einen Ehrentisch, von dem wir einen wunderbaren Blick zur Bühne hatten. Frank indessen begrüßte seine ankommenden Gäste und begleitete sie an ihre Tische. Dabei fragte er immer so ganz nebenbei, aus welchen Land sie kämen.

Eine halbe Stunde später war kein Stuhl mehr frei. Er kam noch kurz an unseren Tisch und fragte auch Erika nach ihrer Nationalität.

Das Licht ging aus, der Spot an, der Vorhang auf und mit einem tosenden Applaus wurde Frank, der Herr des Hauses, empfangen.

Jeder Gast wurde von ihm in seiner Muttersprache begrüßt, bevor die Show begann.

Einige der Tänzer und Tänzerinnen kannte ich auch schon seit bestimmt zehn Jahren. Aus dem begabten Zigeunerjungen Diego war ein junger Mann geworden, der seine Gitarre zu spielen wusste wie kein anderer. Antonio tanzte den Flamenco mit größter Hingabe oder mit viel Temperament, je nach dem. Er ging völlig auf in seinem Tanz. Mercedes mit ihrer wunderbaren Stimme, die jeden zum Frösteln brachte, war auch noch da. Sie kannte ich bereits seit zwanzig Jahren. Und die original *Los Paraguayos*, zwar nur noch zu dritt, waren auch noch da und sangen ihr *La Paloma, die weiße Taube* wie immer. Nur mein kleiner Zauberer, dem ich öfter mal als Assistentin zur Hand gegangen war, trat heute nicht auf.

Wie immer war die Aufführung ein voller Erfolg und wie immer wurde jeder Tanz mit seinen Hintergründen von Frank erklärt. Heute in acht Sprachen. Erika war beeindruckt, nur für sie sprach er Tschechisch. Die deutsche Sprache war für Manuela und mich. Es kamen dazu englische, französische, holländische, russische, polnische und italienische Erläuterungen.

Wir saßen noch ein Weilchen zusammen an der Bar, tranken eine Flasche Champagner und da erfuhr ich, dass Pedro, mein kleiner Freund, der Zauberer, vor einem halben Jahr an Krebs gestorben war.

»Josy, das war Wahnsinn, so was habe ich noch nie gesehen. Flamenco ja, aber so was?! Das war bis jetzt deine beste Idee, seit wir angekommen sind.« Manuela und Erika waren immer noch total überwältigt von dem tollen Abend.

Barcelona

Für den kommenden Freitag buchten wir einen Tagesausflug nach Barcelona.

Offiziell war eine Stadtrundfahrt mit Besuch der berühmten Wasserspiele geplant.

Um 11 Uhr trafen wir uns mit einigen anderen Urlaubern an einem bekannten Parkplatz. Es regnete in Strömen und es war unangenehm kalt.

»Wenn der Bus nicht bald kommt, dann warten wir eben noch«, sagte Erika und zündete sich mit einem Augenzwinkern eine ihrer geliebten Zigarette an. Sie war nicht aus der Ruhe zu bringen. Schon wieder warteten wir eine halbe Stunde auf unsere Abfahrt, bis endlich unser Bus in die Parkbucht fuhr.

»Barcelona 2 – Pedro« war deutlich auf einem Schild der Sonnenblende zu lesen. Pedro war unser Busfahrer. Wir schätzten ihn auf etwa 38 bis 45 Jahre, er sah nicht schlecht aus. Aber, wie war der schlecht gelaunt, richtig sauer war der. Die Reiseleiterin stand ihm in nichts nach, sie als mürrisch zu bezeichnen, wäre schmeichelhaft. Nach einer kurzen Begrüßung schaute jeder – neun Urlauber, ein Fahrer und eine Reisebegleitung – in eine andere Richtung.

Nach ungefähr 25 Kilometern Fahrt fingen Erika, Manuela und ich einfach so zu lachen an. Wir hatten keinen besonderen Grund dazu. Wir sahen uns an, die Haare hingen uns nass herunter, die Wimperntusche war zerlaufen, der Regen hatte sein Bestes getan.

Das Eis war gebrochen.

Noch bevor wir auf die Autobahn fuhren, war es im Bus kuschelig warm. Wir unterhielten uns gemeinsam, die Reiseleiterin erzählte uns Geschichten über Katalonien, vom Mittelalter bis ins 20. Jahrhundert.

Der Busfahrer Pedro lachte uns im Rückspiegel zu.

Die Zeit verging wie im Fluge.

Zuerst fuhren wir einen bekannten Aussichtsplatz hoch über der Stadt an. Einen wunderbaren Anblick boten uns die Herrlichkeiten der Stadt. Der kleine Park, in dem wir uns kurz aufhielten, war bepflanzt mit riesigen Elefantenbäumen, der älteste war bestimmt schon an die 800 bis 1000 Jahre alt.

Als Nächstes fuhren wir zur *Sagrada Familia*, die größte unvollendete Kirche. Seit ca. 1880 wird daran gebaut. Jede Fassade soll vier Türme und die wiederum die zwölf Apostel symbolisieren, aber bis diese Kirche komplett fertig gestellt ist, wird es wohl noch einige Jahrzehnte dauern.

Zwanzig Minuten hatten wir Aufenthalt, um das bekannte Gebäude zu besichtigen. Der Regen hatte aufgehört und wir sahen skeptisch zum Kircheneingang.

»Schaut euch mal diese Menschenmengen an, also ich habe keine Lust, mich da einzureihen«, sagte Manuela zu uns.

»Du hast recht, kaum sind wir drinnen, müssen wir wieder raus, weil Abfahrt ist«, maulte Erika.

»Ich muss nicht rein, ich habe sie bestimmt schon dreimal gesehen«, sagte ich zu den beiden. Wir sahen erst uns an, dann uns um und dann sahen wir SIE.

Ein Lächeln huschte über unsere Lippen. Wir waren uns wieder mal sofort einig. Diese kleine Bar wäre in den nächsten fünfzehn Minuten um drei Gäste reicher.

Unsere kleine Welt war in Ordnung.

Es ging weiter zum Hafen. Während der Fahrt erklärte uns Pedro die Verkehrsregeln der katalonischen Hauptstadt. Schon damals vor über 300 Jahren wurde überlegt, wie man ein mögliches Verkehrschaos verhindern könnte. Bestimmt hatte noch niemand an unsere zum Teil computergesteuerten Fahrzeuge gedacht. Aber auch Pferdekutschen waren nun mal Fahrzeuge.

Von weitem schon sahen wir die große Kolumbussäule, welche die Richtung nach Amerika zeigte. Die Nachbildung des Flaggschiffes Santa Maria war leider nicht mehr zu sehen. Es war nach Amerika verkauft worden.

Dafür gab es hochhausähnliche Passagierschiffe und Frachter zu sehen, die von hier nach allen Häfen der Welt abfuhren.

Als wir den Platz, an dem Königin Isabella und seine Majestät Ferdinand den zurückkehrenden Columbus empfangen hatte, wieder verließen, hörten wir:»Meine Damen und Herren, wir sind heute sehr gut und schnell durch Barcelona gekommen, wir haben bis zur nächsten Besichtigung noch zwei Stunden Zeit. Wer also will, kann in das Fußballstadion *Camp Nou* des FC Barcelona, wir haben noch ein paar Freikarten, die auch für das Fußballmuseum gültig sind.«

O mein Gott, konnte unsere Reiseleitung Gedanken lesen? Das war schon seit Jahren mein größter Wunsch als eingefleischter Fußballfan. Und wie ich wollte! Manuela und Erika gingen natürlich mit.

Nicht so sehr aus Überzeugung, eher aus Rücksicht.

»Wir können unsere Kleine nicht alleine lassen. Womöglich verläuft sie sich. Und bestimmt käme sie zu spät zum Bus zurück.« Wie recht Manuela wieder hatte. Ich lief von links nach rechts. Von unten nach oben. Von einem Ausstellungsraum zum anderen. Ich war so aufgeregt.

Dabei schaute ich gar nicht mehr auf die Uhr. Meine Fotokamera wurde gefordert wie nie. Bild um Bild habe ich geknipst.

Wie war ich glücklich, in dem berühmten Stadion zu sein. Aber das kann nur ein echter Fußballfan verstehen. Erika und Manuela verstanden meine Aufregung weniger, aber sie ließen mich trotzdem nicht aus den Augen. Mal zogen sie mich weiter, dann riefen sie wieder nach mir und deuteten auf die Armbanduhr. Wie sollte es auch anders sein, die letzten Meter legten wir im Dauerlauf zum Bus zurück.

Weiter ging es zu den *Ramblas*. *Ramblas* bedeutet Bachbetten.

Die *Ramblas* waren schon vor Jahrhunderten nichts anderes als Bachbetten, in denen sich die Städter bei gutem Wetter einen Spaziergang gönnten. Und bei schlechtem Wetter ertranken. Seit dieser Zeit haben sich die *Ramblas* sehr zu ihrem Vorteil verändert. Es ist der Hauptspazierweg der Stadt geworden. Nirgends in Europa sieht man so viele Spaziergänger aller Nationalitäten und Rassen, ob Tag oder Nacht, es ist ein nie abreißender Strom geworden.

Es wundert niemanden mehr, dass es fast alles und in allen Sprachen zu kaufen gibt. Am bekanntsten und größten sind die Verkaufsstände mit Büchern, Blumen, Vögeln, Obst, Gemüse und Meerestieren sowie Antiquitäten.

Wir brauchten dringend eine Pause. Unsere Füße schmerzten schon vom vielen Gehen und die Augen vom Schauen. Wir setzten uns auf eine Bank am Rande der *Ramblas* und machten uns über das Lunchpaket her, das wir vom Hotel mitbekommen hatten. Manuela packte als Erste aus und durch das Rascheln des Papiers angelockt, kamen Tauben in unsere Richtung gelaufen. Gurrend bewegten sie ihre Köpfe, bis sie den Inhalt unseres Päckchens sahen.

»Glückshotel!!«, riefen Erika und ich wie aus einem Munde.

Manuelas Augenbraue fing an zu zucken. Selbst die Tauben verließen uns fluchtartig. Einstimmig beschlossen wir wieder: »Es wird gefastet!«

»Das bisschen, was wir essen, können wir heute auch mal trinken. Vielleicht ist ja die kleine Bodega neben unserem Hotel noch offen«, sagte ich.

»O toll, wir kaufen uns Sherry, eine ganze Flasche und die schmuggeln wir dann auf unser Zimmer. Ich habe in meinem Koffer noch Schokolade und Chips versteckt«, rief Erika.

»Wie gut, dass wir dich haben, du bist immer so praktisch veranlagt, außerdem sorgst du für uns wie eine Mutter«, sagte Manuela und sah mich dabei lachend an.

Um 19 Uhr ging es dann weiter zu den Wasserspielen. Ein Erlebnis, das keine von uns dreien missen möchte. Es war gigantisch. Diese Farben, die Musik, diese Formationen. Und ich hatte keinen Film mehr in meiner Kamera.

Jetzt war Erika gefordert. Sie musste nun für mich mitfotografieren.

Gerade wollte der Besitzer der Bodega schließen, da huschten wir noch schnell durch die Tür.

»Geschafft«, keuchten wir atemlos und deuteten auf das Riesenfass mit der Aufschrift ›Tio Pepe‹.

»Por favor un medio litro«, sagte ich. Aber der sonst so nette Nachbar schüttelte nur den Kopf und sagte irgendetwas wie ›Botella‹. Was hatte er nur? Was wollte er? Warum gab er uns nichts mehr? Wir schauten uns traurig und fragend zugleich an. Bis er uns begreiflich machte, ohne leere Flasche ginge gar nichts. Mit Händen und Füßen und Engelszungen erklärten wir ihm: »Wir haben keine Flaschen. Weder leere noch volle.«

Ob er uns verstand? Wir verstanden ihn nicht. Unser Glückshotel war weit entfernt vom Touristenrummel, wir wohnten im Einheimischenviertel, da spricht nicht jeder Deutsch. Plötzlich sah er uns an, lachte, sagte irgendetwas auf Spanisch, versperrte die Ladentür von innen und ließ uns alleine.

»Was ist das jetzt?«, fragte Manuela, als wir so mitten im Laden, ganz alleine mit 8 x 500 Liter Vino dastanden. Da kam er schon wieder zurück, mit einem leeren 5 Liter Wasserkanister und wir begriffen es dieses Mal sofort.

»O.K., dann eben 5 Liter, wir sind ja noch eine ganze Woche hier«, sagte Erika. Wir lachten, er lachte, der Handel war perfekt.

Ein paar Minuten später standen wir mit fünf Litern Sherry auf der Straße.

Wir hatten ein großes Problem.

»So, und wie bitte bringen wir nun diesen Kanister auf unser Zimmer? Wir müssen wohl oder übel an der Rezeption vorbei!«, fragte jetzt Manuela.

Sie denkt immer so praktisch.

»Ich nicht«, sagte ich, als mich beide ansahen. »Ihr wisst

genau, wie gut ich lügen kann. Was würde ich sagen, wenn er wissen will, was da drin ist?«

»Gut ich mach es«, meinte Erika. »Wir stecken den Kanister in deinen Rucksack«, dabei deutete sie auf Manuela, »und ihr lenkt den Portier ab, wenn wir reinkommen.«

Dieser Strategie folgend gingen wir auf den Portier zu und redeten auf ihn ein. »Entschuldigung, wie lange ist die Hausbar heute geöffnet?«, fragte ich scheinheilig. Manuela wollte den Zimmerschlüssel, ich fragte, ob er wüsste, wie morgen das Wetter werden sollte. Wir redeten auf den alten Mann ein, der sich unser plötzliches Interesse nicht erklären konnte. Unsere Gesprächigkeit kam ihm richtig seltsam vor. Wir sahen es ihm an.

Erika dagegen verschwand hinter unserem Rücken mit dem trinkbarem Schatz im Aufzug. Türe zu, schwupp, weg war sie!

Schlagartig fingen wir an zu gähnen und ließen den verdutzten Mann mit einem »Buenas noches« allein.

Kichernd stiegen wir die drei Stockwerke nach oben. Erika wartete schon an der Tür.

Schokolade, Chips und Sherry, das war ein wunderbares Abenddinner, wenn man Hunger und Durst hatte. Frühstücken im Bett, das kann jeder, aber Abendessen im Bett? Das ist viel lustiger und es wird mit jedem Glas noch lustiger. Wir schliefen gut, fest und lange. Zum Frühstücken mussten wir außer Haus.

Wir waren zu spät gekommen.

Freitag, der dreizehnte – und noch dazu Vollmond

Mit einem Satz war ich aus dem Bett und stand auch schon unter der Dusche.

»Was ist denn heute mit der Josy los? Hat die heute Nacht ein tollwütiger Ohrwurm gebissen?«, wunderte sich Manuela.

»Keine Ahnung. Das ist doch sonst nicht ihre Art. Vielleicht wurde sie vom Hafer aus ihrer Matratze gepiekst. Normalerweise ist sie doch die Letzte von uns, die aus den Federn kriecht.«

»Glaubst du, sie ist krank? Sie ist ja schon unter der Dusche, und das morgens um sieben – im Urlaub!«

Verwundert sahen mich die beiden an, als ich nach Mandelöl duftend mit einem Turban auf dem Kopf aus dem Bad kam.

»Was ist denn mit dir los? Hat dich der Wahnsinn umzingelt? Oder warum bist du heute schon auf?«, fragte mich Erika.

»Meine Damen, erstens, es ist Freitag, der dreizehnte. Zweitens, es ist Vollmond. Das bedeutet: Vollmond ist der beste Tag des Krebses. Freitag, der dreizehnte ist der Glückstag der lieben Josy. Was meint ihr, gehen wir heute Abend ins Spielcasino?«, fragte ich unschuldig meine beiden Freundinnen.

»In Prag hat es ja damals nicht geklappt!«

»Mir egal«, sagte Manuela, »können wir machen. Wenn du uns sagst, was wir tun müssen. Ich war noch nie in einem Casino.«

»Gut, mit zwanzig Mark spiele ich auch mit«, sagte Erika,

»das ist zwar viel Geld, um es zu verlieren, aber wir haben ja Urlaub. Da kann man schon mal prassen.«

Mit einem Ruck wandten sich unsere Köpfe Richtung Etagenbett.

War das wirklich Erika gewesen, die das gesagt hatte???

Sie schaffte es immer wieder, uns zu verblüffen.

Der Tagesplan für heute war schnell gemacht. Pünktlich frühstücken, bummeln, einkaufen, Abendessen. Anschließender Spaziergang am Meer, bei Vollmond, zurück ins Hotel, umziehen, chic machen und dann ab ins Casino.

Das Wetter war nicht das beste. Aber Gott sei Dank regnete es nicht, als wir uns nach dem Abendessen auf den Weg machten. Je näher wir ans Meer kamen, desto lauter war das Heulen des Windes zu hören. Der Sturm jagte die Wellen mit einer Kraft gegen den Strand, dass es schon fast unheimlich wurde.

Zwei Naturgewalten kämpften gegeneinander. Wir waren nicht alleine. Hunderte von Menschen standen an der langen Strandpromenade. Jeder wollte das Naturschauspiel erleben.

Polizisten gingen auf und ab. Beobachteten die umstehenden Menschen und das Wasser aufmerksam, um, wenn nötig, ein Unglück zu verhindern.

»Josy, weißt du, was da vorne los ist?«, wollte Manuela von mir wissen.

»Keine Ahnung, vielleicht ist etwas passiert. Normalerweise sieht man um diese Zeit nicht so viele Beamte am Strand. Auch nicht ganz so viele Leute. Wartet mal, da vorne ist ein Polizist, der sich mit einem Mann unterhält. Gehen wir näher, vielleicht verstehe ich, was er sagt.«

»Passiert ist nichts, sie sind aus Sicherheitsgründen hier. So ein Unwetter mit haushohen Wellen gab es bestimmt schon seit zehn Jahren nicht mehr in der Gegend. Mehr habe ich nicht verstanden.«

Wir gingen weiter, bis Erika plötzlich ausrief: »Mein Gott, sind die wahnsinnig oder was??« Dabei deutete sie auf ein paar

Jugendliche die mit einem Hund an der Leine immer wieder zum Meer liefen. Wenn eine Woge zurückkam, versuchten sie dieser auszuweichen.

»Was muss dieser kleine Hund für Ängste ausstehen, wenn die Wassermassen auf ihn zukommen. Von dem Lärm mal ganz abgesehen.«

Die umherstehenden Schaulustigen feuerten sie auch noch dazu an.

»Kommt, ich muss gehen, ich kann da nicht mehr zuschauen«, sagte ich zu Erika und Manuela.

Einige Polizisten sahen jetzt ebenfalls diese Tierquälerei und machten dem ein Ende.

Wir gingen weiter, direkt in ein kleines Café an der Promenade. Im ersten Stockwerk bekamen wir noch einen Fensterplatz. Mit Respekt beobachteten wir das Unwetter, dem sich jetzt noch Blitz und Donner dazugesellten. Jede von uns hatte ihre eigenen Gedanken, wir sprachen sehr wenig.

Eine Stunde später war alles vorbei.

Das Gewitter hatte aufgehört, das Meer sich wieder einigermaßen beruhigt. Wir philosophierten über die Einwirkung des Mondes auf die Meeresbiologie. Den Zusammenhang und die Eigenschaften der verschiedenen Planeten, sowie die Sternenkonstellation am Himmel erklärte uns Erika.

Sie weiß am besten von uns dreien über diese Dinge Bescheid. Mucksmäuschenstill waren Manuela und ich, als Erika zu erzählen anfing.

Erst als der Kellner mit der Rechnung kam, sahen wir auf die Uhr. Jetzt war es höchste Eisenbahn, wir mussten uns noch umziehen. Unser erster großer Besuch im Casino stand bevor.

Frisch geduscht, geschminkt und frisiert machten wir uns um 23 Uhr auf den Weg. Nur ein einziges Mal, wollten wir in die Welt der Reichen eintauchen.

Casino

Fast ehrfürchtig betraten wir die Hallen des Glücksspiels. Zwei uniformierte junge Männer öffneten uns die riesige Glastür und führten uns die Marmorstufen hinauf. Glitzernde Kristalleuchter, goldene Spiegel und eine Rezeption aus schwarzem Marmor erwarteten uns im ersten Stock.

Wir befanden uns in einer Welt, die uns eigentlich fremd war. Vier Damen saßen hinter dem edlen Tresen, eine von ihnen nahm uns höflich, aber bestimmt den Personalausweis ab. Unsere Daten wurden in einen Computer eingegeben. Ebenfalls kassierte sie einen kleinen Obolus für den Eintritt.

Nur ein paar Minuten dauerte es, bis wir Pass und Eintrittskarte zurückbekamen. Der junge Mann von vorhin nahm uns Jacke bzw. Mantel ab und öffnete uns die Tür in ein anderes Reich.

»Wow!! Das kann man aber mit unserem Besuch im Prager Casino beim besten Willen nicht vergleichen«, sagte Manuela. Auch Erika öffnete ihren Mund, doch mehr als »Aber hallo!« brachte sie nicht über ihre Lippen.

Links und rechts an den Wänden waren die bekannten »einarmigen Banditen« angebracht. Es waren bestimmt an die 30 Stück.

Von der Decke hing ein Peugeot. Neuestes Modell. Ein großes Schild ›1. Preis‹ war an der Motorhaube angebracht.

»Das wäre doch etwas für uns«, meinte Manuela lachend und deutete auf das nigelnagelneue Auto in etwa 3 Meter Höhe.

»Ich weiß nicht«, sagte Erika, unsere Rechenexpertin. »Was der an Steuern kostet und die Versicherung erst. Das heißt doch Vollkasko, das, meine Lieben, wird teuer. Da bleiben wir doch lieber bei dem, was wir haben.«

»Ist gut, dann will ich es auch nicht gewinnen«, sagte ich.

Wir gingen weiter und landeten direkt an einem Wechselschalter.

Manuela und ich, wir wechselten jede umgerechnet 40 Mark in Jetons. Erika 20 Mark.

Dann ging es in das eigentliche Casino.

Staunend, mit riesengroßen Augen standen wir vor den verschiedenen Roulettetischen. Kleine Sitzelemente, um die Marmorsäulen drapiert, luden ein zum Ausruhen. Eine pompöse Bar, an der Champagner ausgeschenkt wurde, gab es auch. Wir sahen uns erst einmal um.

Wir stolzierten in unseren hohen Schuhen und unserer Abendgarderobe von Tisch zu Tisch. Heute waren wir auch unter den Reichen der Reichen.

Wir beobachteten die anderen Gäste, wie sie auf Zahlen und Farben setzten. Zum Teil lagen 50.000 bis 60.000 Mark auf einer Zahl.

Uns wurde ganz mulmig zumute. Der Croupier sagte etwas auf Französisch und setzte die kleine, weiße Elfenbeinkugel in Gang.

Sie lief und lief, sie lief sich die Seele aus dem Leib, blieb kurz stehen und hüpfte nochmals, bevor sie erschöpft auf ihrem Platz liegen blieb.

Es war ganz still an dem Tisch. Manche schrieben etwas auf einen Block, andere zündeten sich eine Zigarette an. Die wenigsten hatten gewonnen.

Dasselbe Spiel von neuem. Wir beobachteten die Spieler genau.

Ein älterer Herr in schwarzem Anzug, die Krawatte gelöst, einen Einkaräter am Ringfinger und eine Rolexuhr am linken Armgelenk. Der gefüllte Aschenbecher vor ihm zeigte uns seine Nervosität.

Eine Dame, eine typisch spanische Donna, barocke Figur, Brokatkleid. Mit ihrem Geschmeide an Hals, Händen und Fingern, konnte man sie fast mit einem Christbaum verwechseln. Ihre Basttasche war voll mit Jetons. Unsere Chips, die gelben für 200 Pesetas waren nicht ihre Kategorie. 1000 Pesetas stand auf ihrem kleinsten Jeton.

Nur diese Tasche, die Tasche man auch als Badetasche verwendete, passte nicht zu ihrem Gesamtbild. Aber wie heißt es so schön, der Inhalt zählt, nicht die Äußerlichkeiten. Mal gewann sie, mal verlor sie. Ihr konnte man keine Regung ansehen. Das perfekte Pokerface. Wenn sie gewann, dann schob sie dem Croupier jedes Mal einen 10.000 Jeton als Trinkgeld zu.

Wir gingen an den nächsten Tisch. Am letzten Tisch waren wir richtig.

200 Mindesteinsatz, hier versuchten wir unser Glück. Wir setzten nur auf Farbe, so hatten wir im Notfall, zwar nur 50:50, aber egal ob Gewinn oder Verlust, für uns reichte das. Nach einer Stunde waren wir fertig. Wir wollten nicht mehr. Bei Erika hatte sich der Einsatz verdoppelt, ich hatte ihn verdreifacht und Manuela war unser Tagessieger. Sie tauschte die meisten Chips zurück.

Da sie von uns das meiste gewonnen hatte, lud sie uns in eine Bar zum Gute-Nacht-Trunk ein. Bei Pils und guter Musik beendeten wir unseren Urlaubstag. Glücklicherweise hatte uns das Spielfieber nicht gepackt.

Wir sind mit unserem Leben und unseren täglichen Aufgaben vollauf zufrieden. Ein paar Stunden in der High Society reichten uns völlig.

Wir sagen uns: Es ist besser gesund zu sein und ein einigermaßen normales Leben zu haben, als reich an Geld und trotzdem arm zu sein.

Ebenfalls bei TRIGA – Der Verlag erschienen

Josefine Steininger

Gestatten, mein Name ist Gauner

Ein Egyptian Mau erzählt von seinem spannenden Kater-Alltag

Kater Gauner ist der Erzähler, der uns in Josefine Steiningers Buch »Gestatten, mein Name ist Gauner«, begegnet. Er ist ein ägyptischer Mau und stammt von der Katzenrasse ab, die früher die Gräber der Pharaonen beschützte. Gauner ist schon etwas älter und hat in seinem Leben so einiges erlebt, woran er sich immer noch gerne erinnert. Um auch andere an seinen Erlebnissen teilhaben zu lassen, erzählt er in diesem Buch lustige und manchmal auch nachdenkenswerte Geschichten aus seinem Leben als »rassiger Kater«.

90 Seiten. Paperback. 9,50 Euro. ISBN 978-3-89774-628-2

TRIGA – Der Verlag
Feldstraße 2a · 63584 Gründau-Rothenbergen· Tel.: 06051/53000 · Fax: 06051/53037
E-Mail: triga@triga-der-verlag.de · www.triga-der-verlag.de